Jasmin Boller
Heike Jauernig

Auer Lernkontrollen Deutsch

1./2. Klasse

5. Auflage 2021

Autor*innen: Jasmin Boller, Heike Jauernig
Illustrationen: Corina Beurenmeister
Satz: Satzpunkt Ursula Ewert GmbH, Bayreuth
Druck und Bindung: Esser printSolutions GmbH
ISBN 978-3-403-**06356**-8

www.auer-verlag.de

Inhaltsverzeichnis

2. Schreiben

3. Sinnentnehmendes Lesen

Vorwort

Den Lernstand der Schüler zu überprüfen, ist ein wesentlicher Bestandteil des täglichen Unterrichts. Immer wieder muss kontrolliert und dokumentiert werden, ob die Schülerinnen und Schüler die Lernziele erreicht haben und ob ihr Leistungsniveau den Anforderungen der Bildungsstandards entspricht.

Der vorliegende Band bietet hierfür passgenaues Material: zahlreiche fundierte Lernkontrollen zu allen wesentlichen Themen des Deutschunterrichts der 1. und 2. Klasse. Die Lernkontrollen können als eben solche direkt eingesetzt werden, sind aber auch darüber hinaus vielfältig zu verwenden: So kann sich die Lehrkraft mithilfe der Arbeitsblätter einen Überblick über den Lernstand der Schülerinnen und Schüler verschaffen sowie gezielt individuellen Förder- bzw. Forderbedarf bestimmen. Ebenso können die Ausarbeitungen herangezogen werden, um Inhalte komprimiert zu wiederholen und anschließend im Unterricht darauf aufzubauen. Zudem können die Aufgaben der Arbeitsblätter im Rahmen eines kompetenzorientierten Deutschunterrichts eingesetzt werden, da diese die in den Bildungsstandards aufgeführten Kompetenzen erweitern.

In den einzelnen Lernkontrollen werden alle Kernthemen der 1. und 2. Klasse abgedeckt:
1) Sprache untersuchen
2) Schreiben
3) Sinnentnehmendes Lesen

Die genauen Inhalte der Kernthemen ergeben sich aus den einzelnen Anforderungen der Themenbereiche.

Zu jedem Arbeitsblatt liegt ein Lösungsblatt vor – diese sind in einem gesonderten Lösungsteil aufgeführt (jeweils vier Lösungsblätter verkleinert auf einer Seite). So können die Ergebnisse schnell und bequem ermittelt werden, ob als Kontrolle durch die Lehrkraft oder auch als Selbstkontrolle durch die Schülerinnen und Schüler. In letzterem Fall müssen die verkleinerten Lösungsblätter einfach nur vergrößert kopiert werden.

Jasmin Boller und Heike Jauernig

1 M

Name: ______________________

1 Wann hörst du das M/m? Schreibe auf.

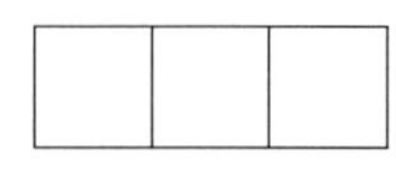
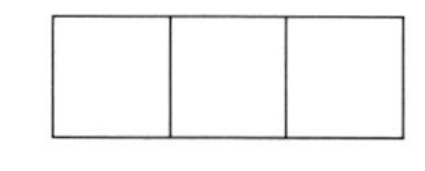

______________ ______________ ______________ ______________

2 Verbinde.

M und S	B ama M	L ais M	M ann P

3 Finde alle M/m.

L	M	i	m	l	L	h	o	p
	m	l	L	j	k	m	M	

4 Kreise alle Bilder ein, die mit M anfangen.

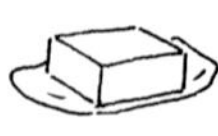

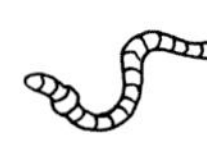

5 Kreuze das richtige Wort an.

- [ ] Papa
- [ ] Mama
- [ ] Oma

- [ ] Mimo
- [ ] Mama
- [ ] Lama

2 L

Name: ____________________

1 Wann hörst du das L/l? Schreibe auf.

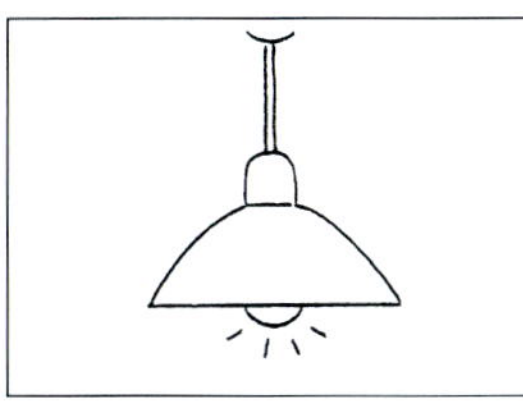
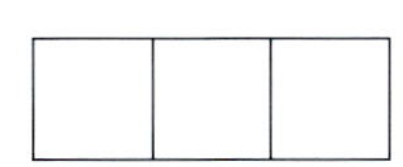

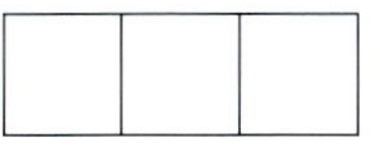

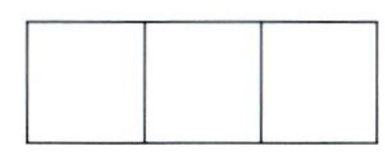

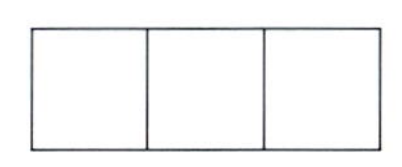

2 Verbinde.

K and L	l Ese t	E ama L	L upe K

3 Finde alle L/l.

L	r	o	i	m	l	L	h	o
	p	J	l	L	j	k	J	

4 Kreise alle Bilder ein, die mit L anfangen.

5 Kreuze das richtige Wort an.

- ☐ Roller
- ☐ Rollo
- ☐ Lolli

- ☐ Lampe
- ☐ Laterne
- ☐ Lande

3 O

Name: ____________________

1 Wann hörst du das O/o? Schreibe auf.

 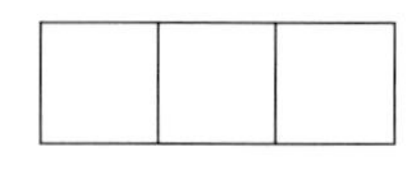 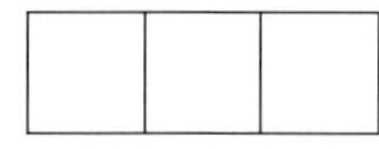

______________ ______________ ______________ ______________

2 Verbinde.

S hr O	e Din o	O rdner K	o Domin e

3 Finde alle O/o.

P S o p o s L O a A O P

l O s o p k J p o

4 Kreise alle Bilder ein, die mit O anfangen.

  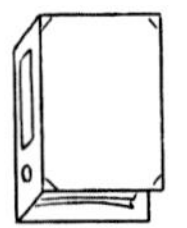    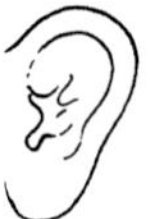   

5 Kreuze das richtige Wort an.

- ☐ Opa
- ☐ Auto
- ☐ Lolo

- ☐ Obst
- ☐ Sonne
- ☐ Löwe

4 A

Name: ____________

1 Wann hörst du das A/a? Schreibe auf.

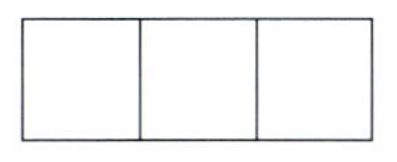

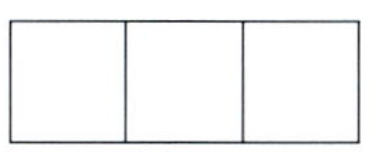

2 Verbinde.

A nanas L	a Lam e	E mpel A	S meise A

3 Finde alle A/a.

L	r A	o	i A	m	l	L	h	a
A	p	j	l	a L	j	k	J	a a

4 Kreise alle Bilder ein, die mit A anfangen.

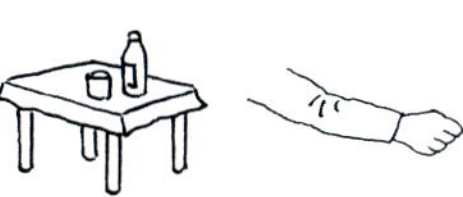
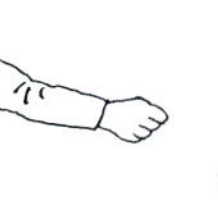

5 Kreuze das richtige Wort an.

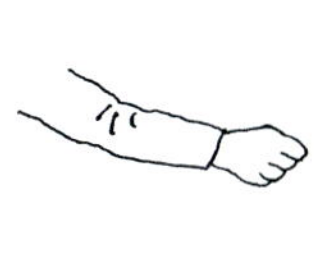

- ☐ Alf
- ☐ Arm
- ☐ Anne

- ☐ Adler
- ☐ Edler
- ☐ Adam

5 I

Name: ____________________

1 Wann hörst du das I/i? Schreibe auf.

 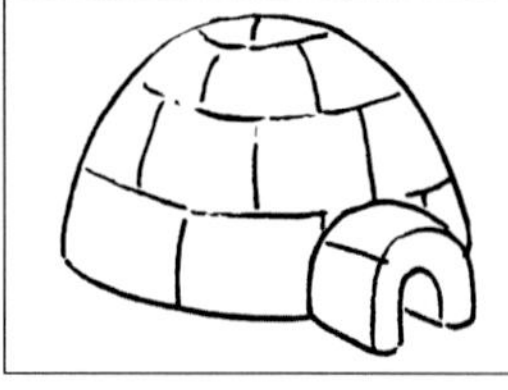  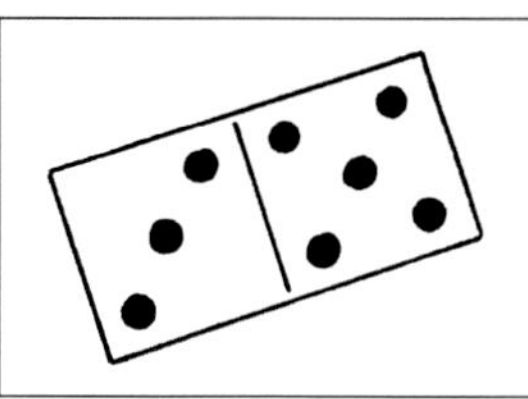

 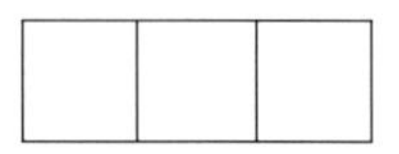  

______________ ______________ ______________ ______________

2 Verbinde.

O glu I	a Salam i	Pi rat Pe	Ki ste Ke

3 Finde alle I/i.

L I r A o i A m i L h a
A p i j l L a L j i k I J a a

4 Kreise alle Bilder ein, die mit I anfangen.

 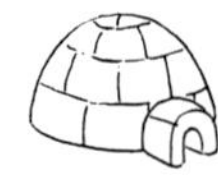        

5 Kreuze das richtige Wort an.

☐ Pinsel ☐ Amsel ☐ Insel		☐ Limo ☐ Lama ☐ Male	 ☐ Rodeo ☐ Rad ☐ Radio

6 S

Name: ____________________

1 Wann hörst du das S/s? Schreibe auf.

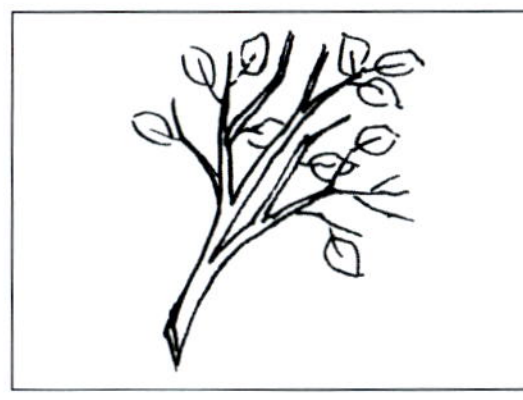

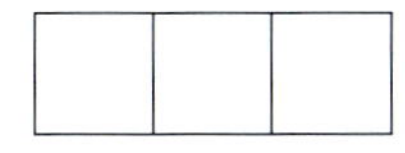

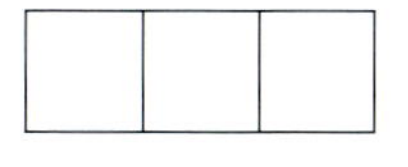

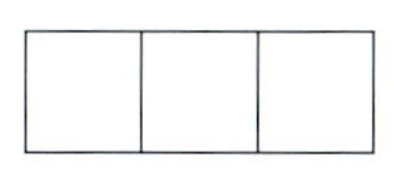

2 Verbinde.

N / ack / S	sel / In / gel	E / enf / S	S / uppe / L

3 Finde alle S/s.

L	S	o	i	S	m	s	L	h	a
A	S	s	l	s L	j	k	J	a	s

4 Kreise alle Bilder ein, die mit S anfangen.

    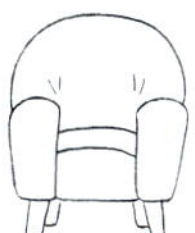     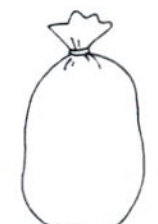

5 Kreuze das richtige Wort an.

- ☐ Sonne
- ☐ Hose
- ☐ Suppe

- ☐ Apfel
- ☐ Segen
- ☐ Besen

- ☐ Salat
- ☐ Salami
- ☐ Sams

7 T

Name: ____________________

1 Wann hörst du das T/t? Schreibe auf.

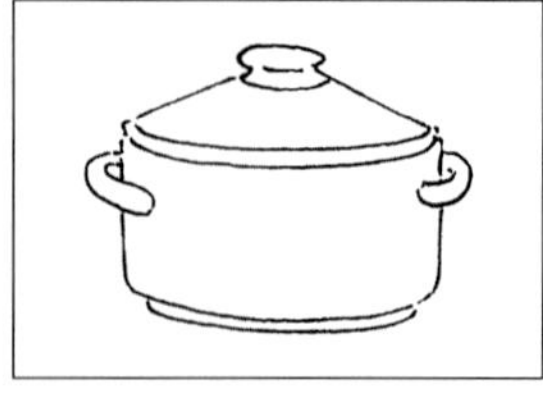

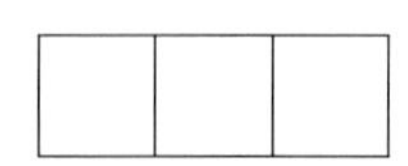
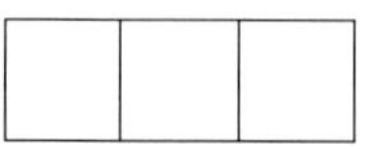
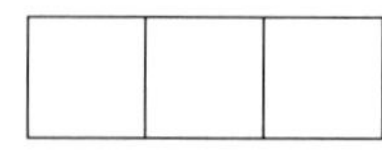
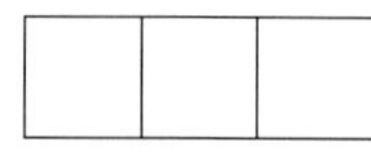

2 Verbinde.

Pa	ket	Sa
urm	T	is
Saf	ger	Ti
fe	Au	to

3 Finde alle T/t.

F G t o F T D F t f s t f K T
F T D j T J k T

4 Verbinde die Bilder zum t und zum T.

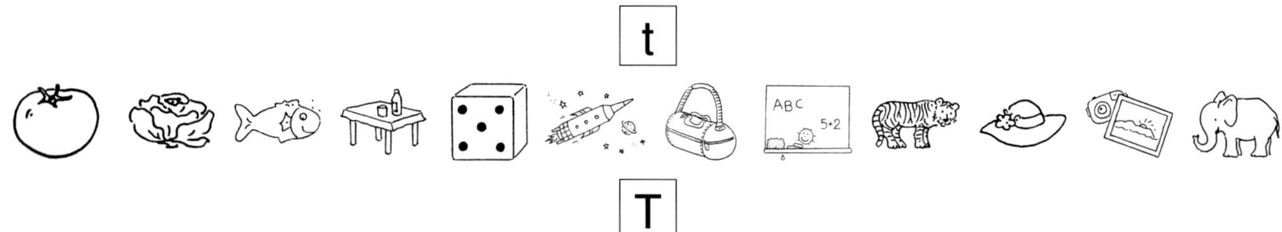

5 Kreuze das richtige Wort an.

- ☐ Tim
- ☐ Turm
- ☐ Tame

- ☐ Telefon
- ☐ Tisch
- ☐ Tasche

- ☐ Tomi
- ☐ Tomate
- ☐ Tante

- ☐ Laterne
- ☐ Lift
- ☐ Lau

8 N

Name: ____________________

1 Wann hörst du das N/n? Schreibe auf.

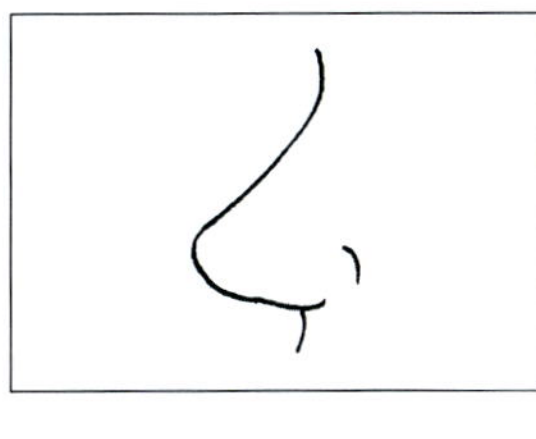

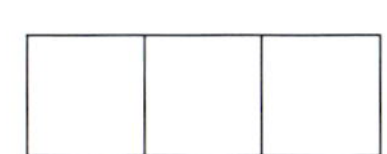

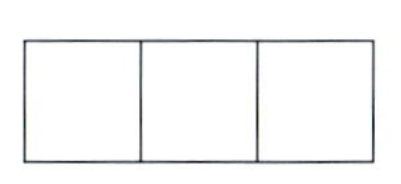

2 Verbinde.

No	del	fe	Na	gen
te	Na	Son	me	Ma
So	fal	ne	No	se

3 Finde alle N/n.

f n o n T D F n s t nn T

N N F T N j N J k N

4 Verbinde die Bilder zum n und zum N.

n

N

5 Kreuze das richtige Wort an.

☐ Nogel
☐ Nigel
☐ Nagel

☐ Nede
☐ Nadel
☐ Nass

☐ Band
☐ Banse
☐ Banane

9 E

Name: ____________________

1 Wann hörst du das E/e? Schreibe auf.

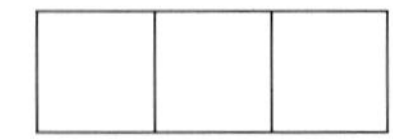
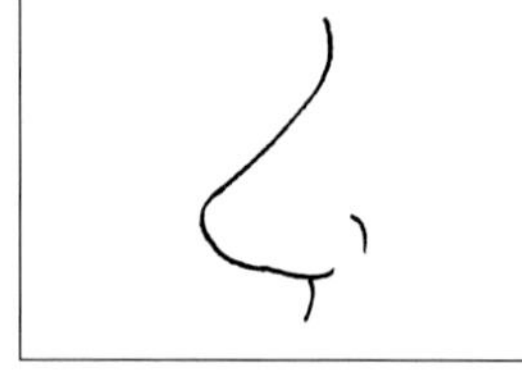

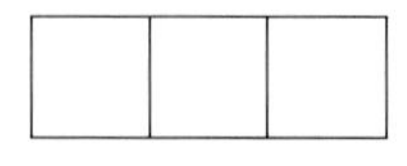

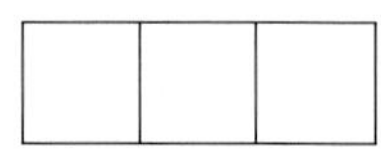

2 Verbinde.

e Dos a	i Brill e	E sel A	L nte E

3 Finde alle E/e.

L e r E o i m e l L h o e
p j E l L j k J e

4 Kreise alle Bilder ein, die mit E anfangen.

5 Kreuze das richtige Wort an.

- ☐ Lese
- ☐ Esel
- ☐ Esil

- ☐ Name
- ☐ Nemo
- ☐ Nase

10 P

Name: ____________________

1 Wann hörst du das P/p? Schreibe auf.

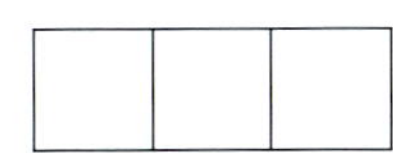

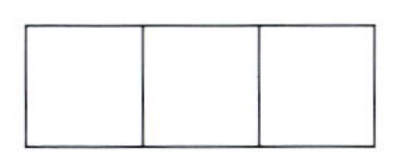

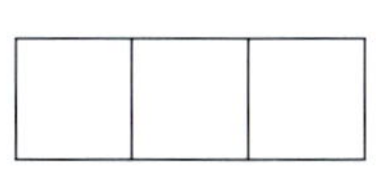

2 Verbinde.

P izza L	pe Lam te	K ilz P	Pa pier La

3 Finde alle P/p.

P	S	o	p	m	s	L	P	a
A	S	P	l	s L	p	k	J p	

4 Kreise alle Bilder ein, die mit P anfangen.

5 Kreuze das richtige Wort an.

- ☐ Pipa
- ☐ Opa
- ☐ Pirat

- ☐ Lappen
- ☐ Lupe
- ☐ Puppe

11 R

Name: ______________________

1 Wann hörst du das R/r? Schreibe auf.

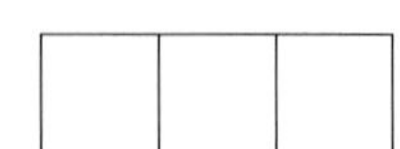

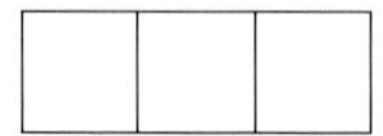

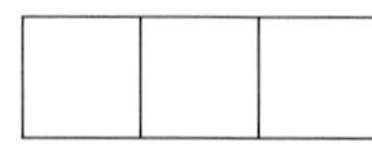

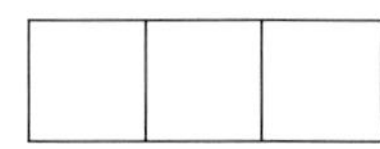

______________ ______________ ______________ ______________

2 Verbinde.

Rau pe Sas	fe Re gal	tef Pi rat	Ra kete Ri	gen Re fe

3 Finde alle R/r.

r Gt o R T D F t r s t r K
T R T D j T J k R

4 Verbinde die Bilder zum r und zum R.

5 Kreuze das richtige Wort an.

- [ ] Esel
- [ ] Eis
- [ ] Eimer

- [ ] Krone
- [ ] Krab
- [ ] Krise

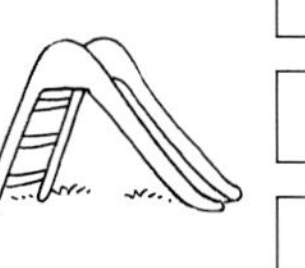

- [ ] Rutsche
- [ ] Rosa
- [ ] Rot

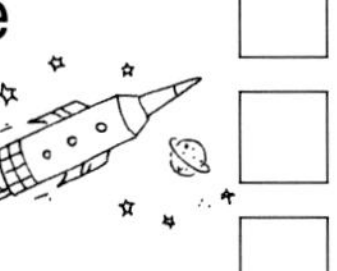

- [ ] Rose
- [ ] Rakete
- [ ] Riese

12 W

Name: ____________________

1 Wann hörst du das W/w? Schreibe auf.

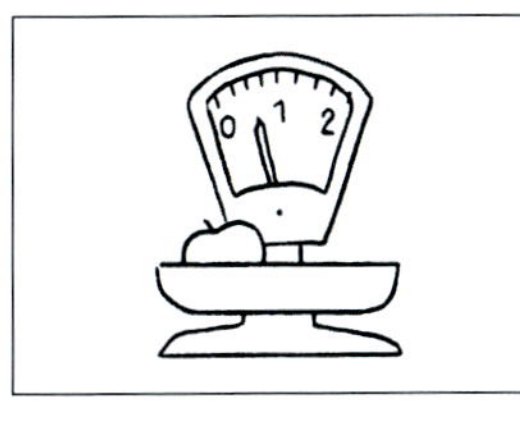
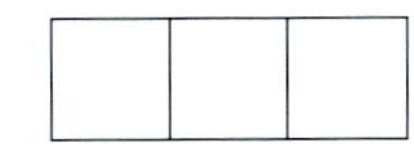

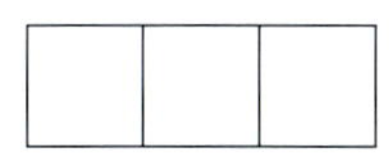

2 Verbinde.

Wal	ein	le	Wa	eif
ge	Schw	Wel	l	W
Wie	elge	ge	wü	ein

3 Finde alle W/w.

G s z W ei n W Z z w sch K N M

Z w Ei Z G w Ei w ei Z

4 Kreise alle Bilder ein, die mit W anfangen.

   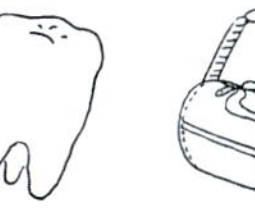    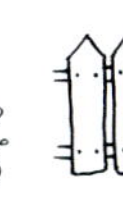  

5 Kreuze das richtige Wort an.

- ☐ Was
- ☐ Wasser
- ☐ Wassel

- ☐ Wolk
- ☐ Wolgen
- ☐ Wolke

- ☐ Welpe
- ☐ Walpe
- ☐ Wolpe

- ☐ Wand
- ☐ Wanda
- ☐ Wanderer

13 D

Name: ____________________

1 Wann hörst du das D/d? Schreibe auf.

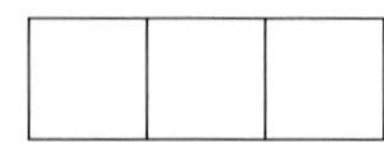

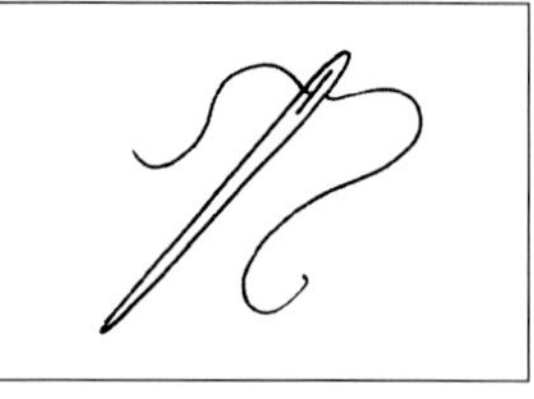

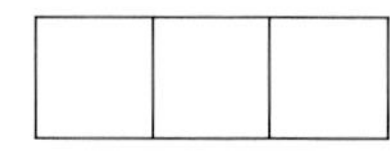

2 Verbinde.

D usche F	sel Nu del	s Kin d	Kau men Dau	dio Ra mio

3 Finde alle D/d.

B	a b	o	d	D	s	b	h	B A
a	S	b	d l	D	j	k	J b d	

4 Verbinde die Bilder zum d und zum D.

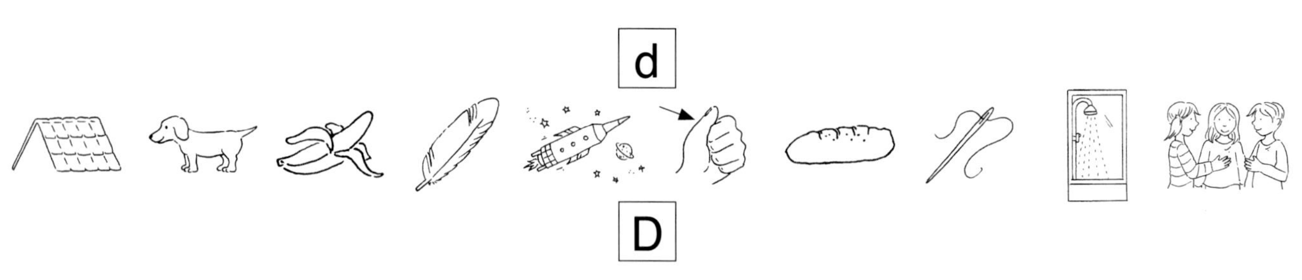

5 Kreuze das richtige Wort an.

- ☐ Dasch
- ☐ Dusche
- ☐ Dich

- ☐ Danke
- ☐ Dübel
- ☐ Dach

- ☐ Faden
- ☐ Feder
- ☐ Deder

- ☐ Dams
- ☐ Sade
- ☐ Sand

14 F

Name: ____________________

1 Wann hörst du das F/f? Schreibe auf.

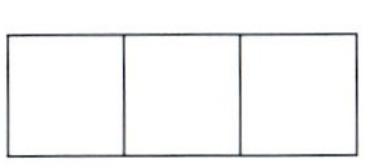

2 Verbinde.

Flie ge Flo	O fas fen	Ta fel ffe	Waf fel Has	Scha f k

3 Finde alle F/f.

f	G	o	F	D	F	b	f	s	t	f
K	f	F	k	D	j	k	J	k	F	

4 Verbinde die Bilder zum f und zum F.

f

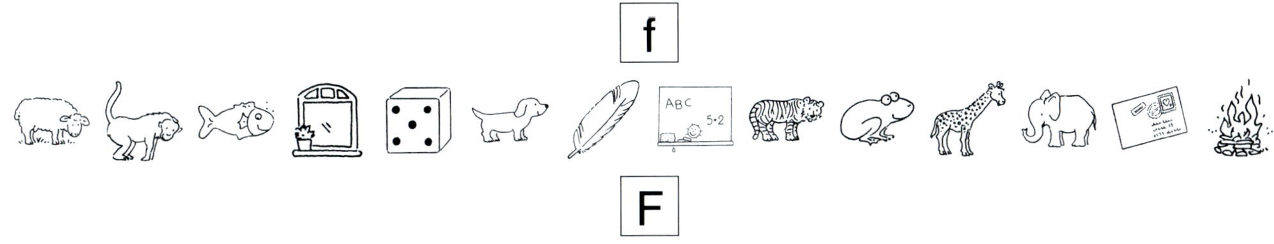

F

5 Kreuze das richtige Wort an.

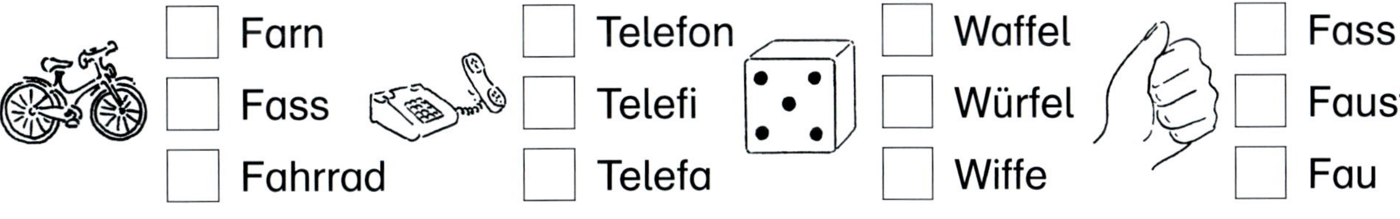

- ☐ Farn
- ☐ Fass
- ☐ Fahrrad

- ☐ Telefon
- ☐ Telefi
- ☐ Telefa

- ☐ Waffel
- ☐ Würfel
- ☐ Wiffe

- ☐ Fass
- ☐ Faust
- ☐ Fau

15 G

Name: ____________________

1 Wann hörst du das G/g? Schreibe auf.

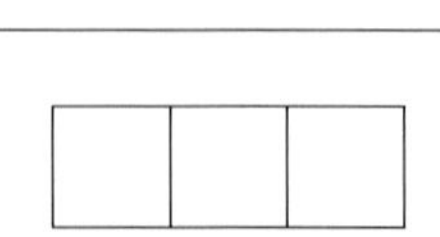

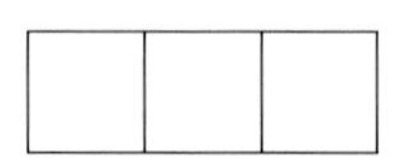

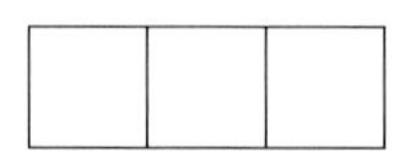

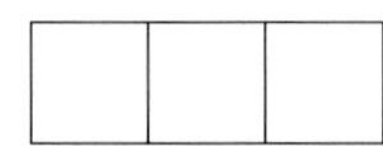

2 Verbinde.

Bü / Ki — gel	Au — se / ge	I — sel / gel	Ti / To — ger	Sä — ge / lte

3 Finde alle G/g.

g k G o d g K b h g B K
K S G k D g k G

4 Verbinde die Bilder zum g und zum G.

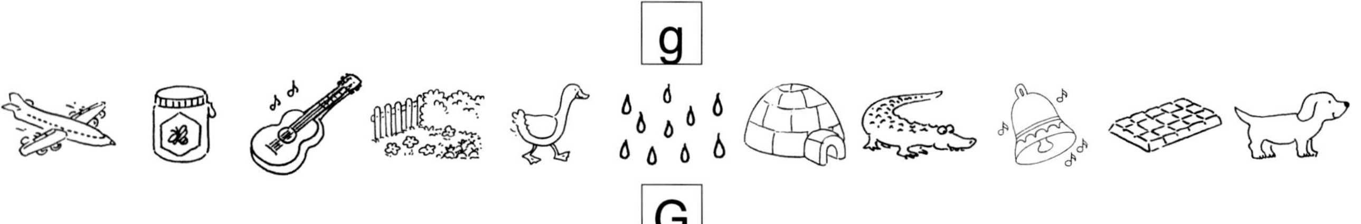

5 Kreuze das richtige Wort an.

- ☐ Gans
- ☐ Geld
- ☐ Geist

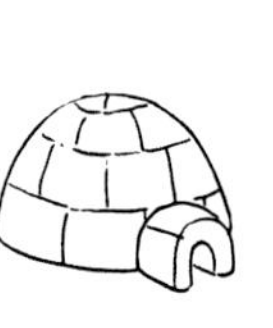

- ☐ Iglu
- ☐ Igel
- ☐ Igli

- ☐ Gans
- ☐ Gold
- ☐ Gitarre

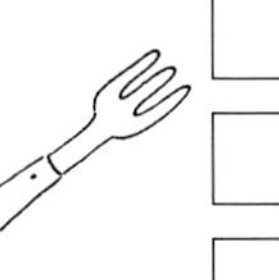

- ☐ Gaben
- ☐ Gabes
- ☐ Gabel

16 H

Name: ____________________

1 Wann hörst du das H/h? Schreibe auf.

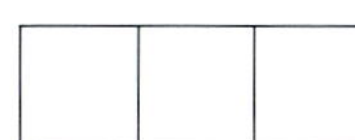
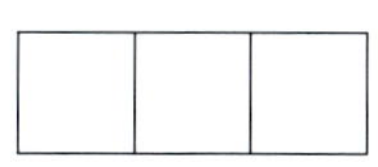

2 Verbinde.

Ho se Hi	ter Ham ster	ber Hum mel	Ha ls He	nig Ho ner

3 Finde alle H/h.

G s z H n W Z z w n n H h N M Z

h h Z H w n w ei Z

4 Verbinde die Bilder zum h und zum H.

h

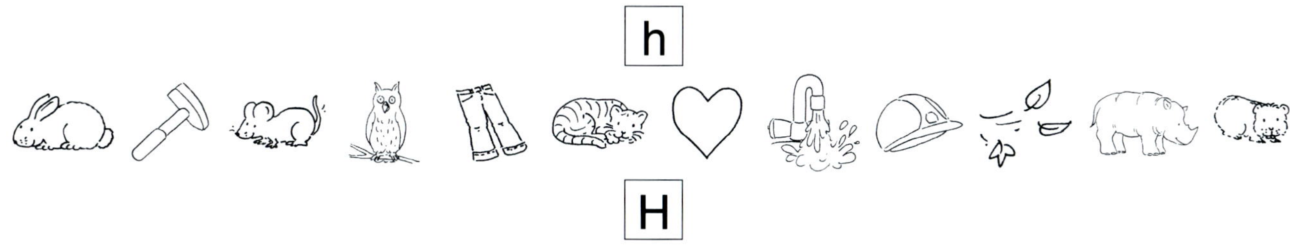

H

5 Kreuze das richtige Wort an.

☐ Herz
☐ Harz
☐ Hanz

☐ Heft
☐ Hekt
☐ Heffe

☐ Huner
☐ Hummel
☐ Hund

☐ Hase
☐ Hand
☐ Hammer

17 B

Name: ____________________

1 Wann hörst du das B/b? Schreibe auf.

 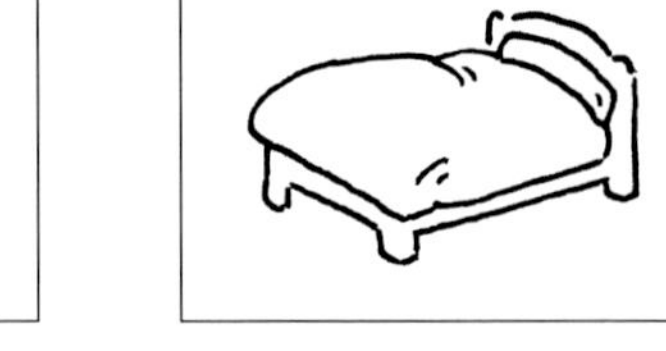 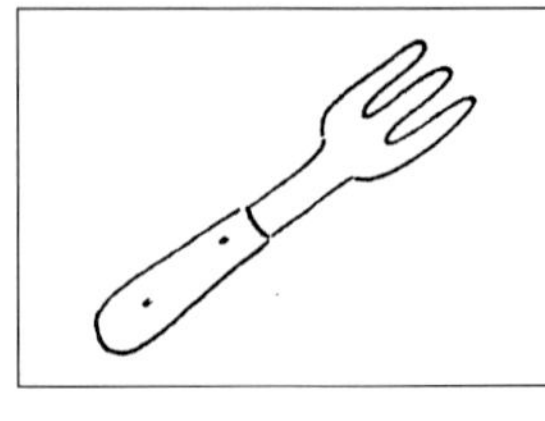 

 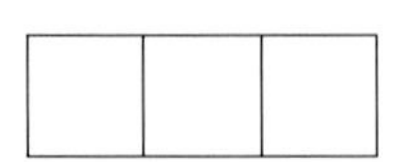 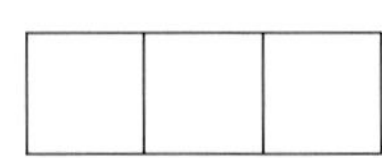 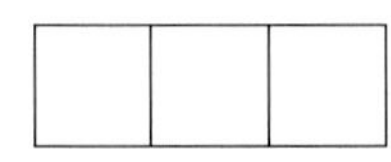

______________ ______________ ______________ ______________

2 Verbinde.

F oot B	sel Far be	S irne B	Blu me Lu

3 Finde alle B/b.

B b o d D s b h B A

S b l B j k J b d

4 Kreise alle Bilder ein, die mit B anfangen.

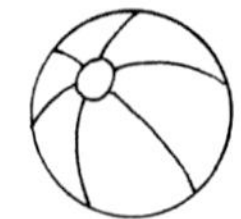    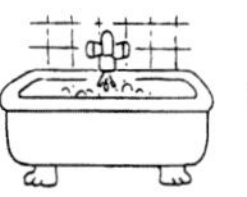     

5 Kreuze das richtige Wort an.

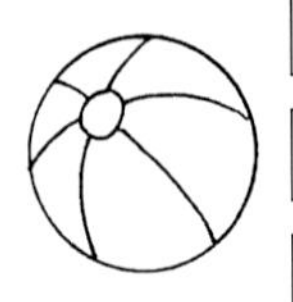

- ☐ Ball
- ☐ Bame
- ☐ Babe

- ☐ Biene
- ☐ Bibi
- ☐ Besen

- ☐ Ball
- ☐ Palat
- ☐ Blatt

- ☐ Blatt
- ☐ Brot
- ☐ Boot

18 U

Name: ____________________

1 Wann hörst du das U/u? Schreibe auf.

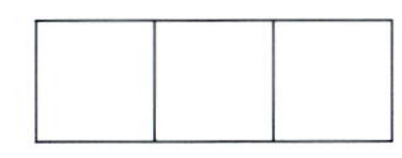

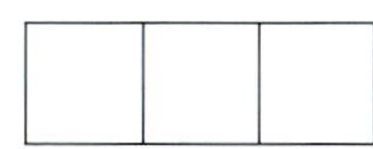

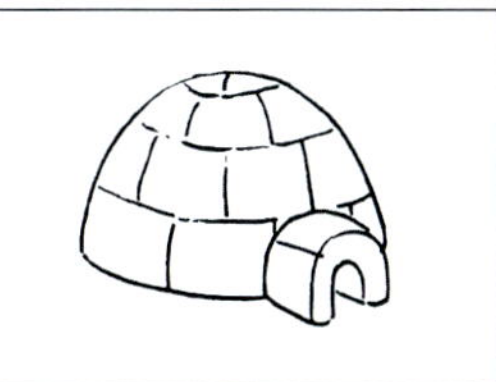
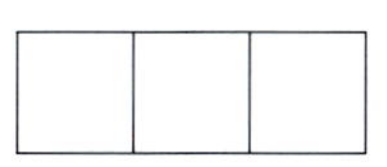

2 Verbinde.

Nu del Ne	a Igl u	fer U su	N uss S

3 Finde alle U/u.

L U r o i m u l L u

h o U u p j l L u j k u

4 Verbinde die Bilder zum u und zum U.

u

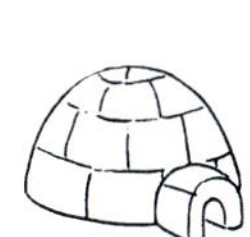

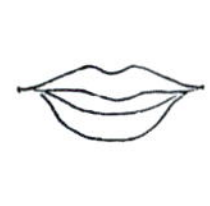

U

5 Kreuze das richtige Wort an.

- [ ] Ufi
- [ ] Afo
- [ ] Ufo

- [ ] Kuh
- [ ] Uku
- [ ] Kah

- [ ] Mund
- [ ] Mutter
- [ ] munter

19 K

Name: ____________________

1 Wann hörst du das K/k? Schreibe auf.

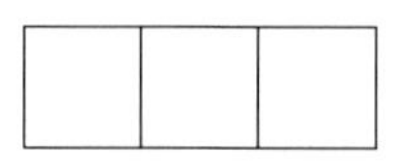

______________ ______________ ______________ ______________

2 Verbinde.

Dr one Kr	kodil Kro dil	der Kin sel	Kö nig Ka	te Kis la

3 Finde alle K/k.

B k o d D K b h B K
K S b k D j k J k

4 Verbinde die Bilder zum k und zum K.

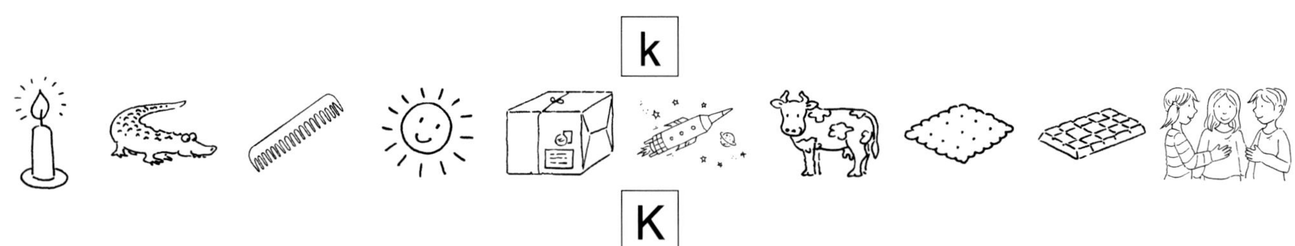

5 Kreuze das richtige Wort an.

☐ Kuh	☐ Kama	☐ Krokodil	☐ Pokal
☐ Kamel	☐ Kamm	☐ Kokos	☐ Poker
☐ Kuss	☐ Kasse	☐ Schokolade	☐ Pokas

20 Z

Name: ______________________

1 Wann hörst du das Z/z? Schreibe auf.

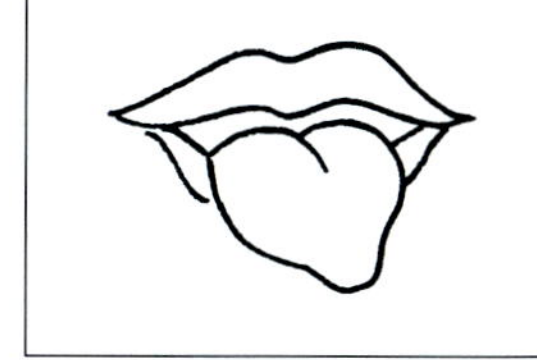

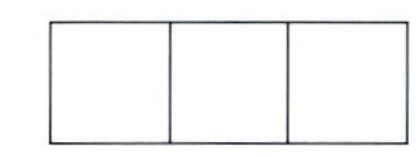
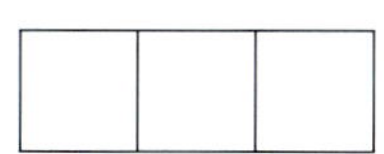
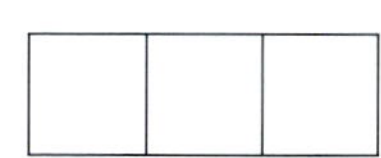
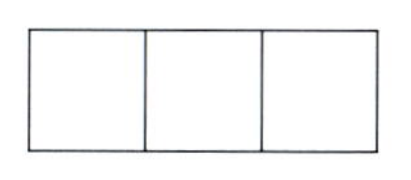

______________ ______________ ______________ ______________

2 Verbinde.

Zi / bra / Ze	Ta / tze / tez	ppeln / za / felm	Zau / n / Zei	itze / Sch / erz

3 Finde alle Z/z.

G s z Z o ei n N Z z w sch K N M

Z Sch Ei Z G Ei D Ei k ei Z

4 Verbinde die Bilder zum z und zum Z.

z

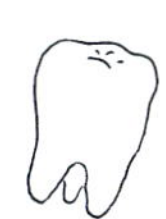

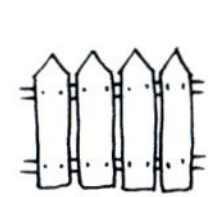

Z

5 Kreuze das richtige Wort an.

- ☐ Pülz
- ☐ Pelz
- ☐ Pilz

- ☐ Zwiebel
- ☐ Ziebel
- ☐ Ziegel

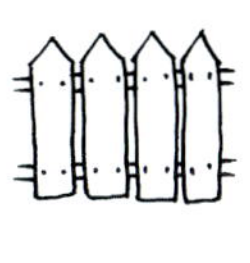

- ☐ Zahn
- ☐ Zahl
- ☐ Zaun

- ☐ Zett
- ☐ Zettel
- ☐ Zottel

21 Ei

Name: ___________________

1 Wann hörst du das Ei/ei? Schreibe auf.

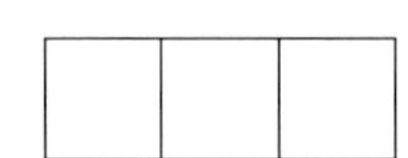

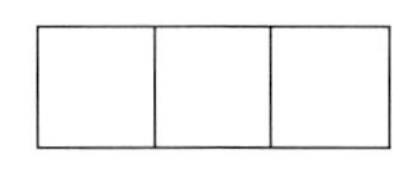

2 Verbinde.

Zei tung Kei	mer Ei ler	reise A meise	kl ein Dl	keln schnei den

3 Finde alle Ei/ei.

g k G o ei g K b ei w ei B
K K Ei G Ei D Ei k ei

4 Verbinde die Bilder zum ei und zum Ei.

ei

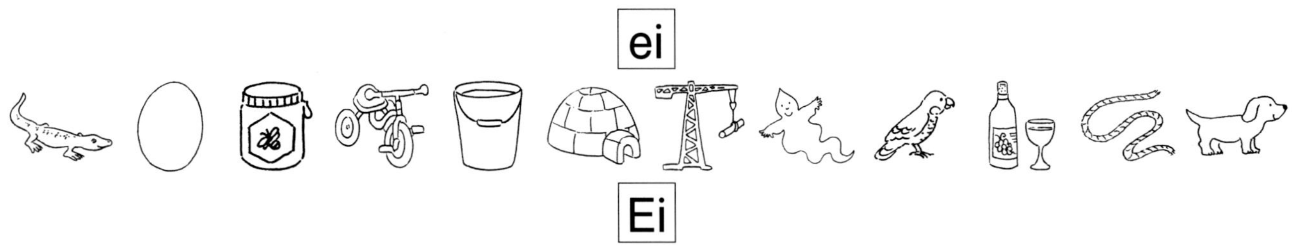

Ei

5 Kreuze das richtige Wort an.

☐ dein
☐ mein
☐ Wein

☐ Dreirad
☐ frei
☐ Reifen

☐ Eisen
☐ Eins
☐ Eisbär

☐ Sauerei
☐ Osterei
☐ Meckerei

22 Sch

Name: ____________________

1 Wann hörst du das Sch/sch? Schreibe auf.

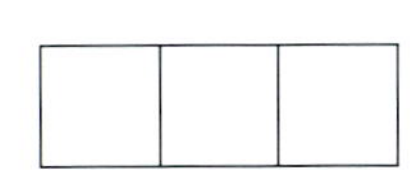

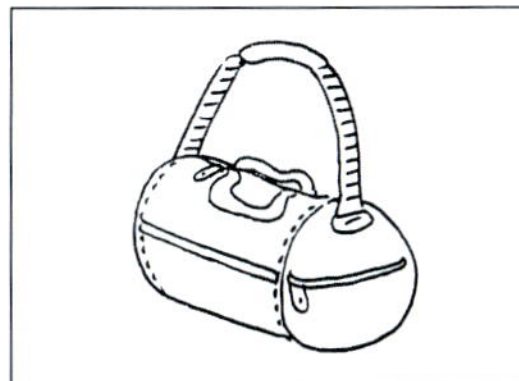
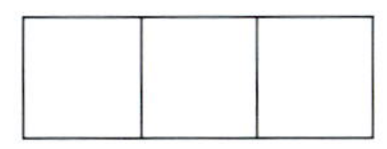

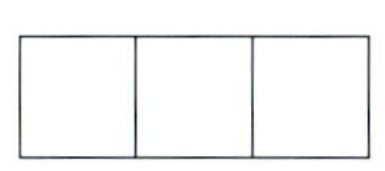

2 Verbinde.

Du sche Da	ien Schw an	rel Schau fel	Fi sch Ki	sche Fla ksch

3 Finde alle Sch/sch.

G sch G o ei g sch b ei w sch K K
Sch Ei G Ei D Ei k ei Sch

4 Verbinde die Bilder zum sch und zum Sch.

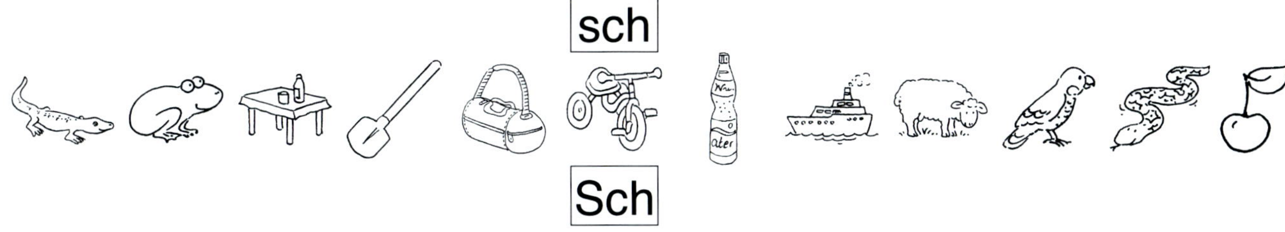

5 Kreuze das richtige Wort an.

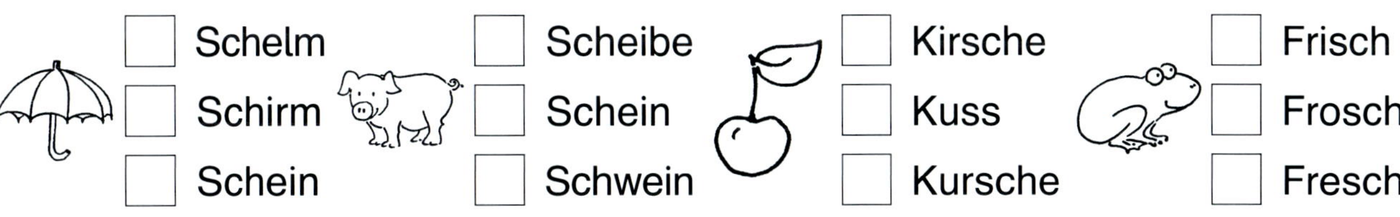

23 Au

Name: ____________________

1 Wann hörst du das Au/au? Schreibe auf.

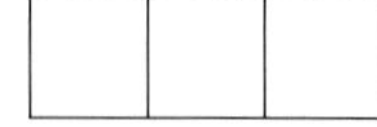
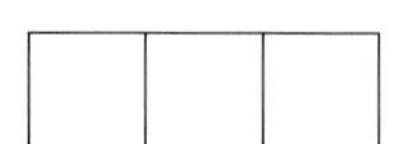
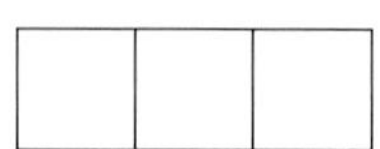
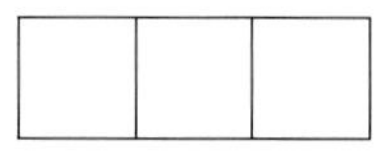

______ ______ ______ ______

2 Verbinde.

Sch	aud	ber	bl	aus
aum	M	Bau	au	L
Kl	aus	er	gl	auk

3 Finde alle Au/au.

G Au n W au z au H h N M Z Au Z H

Au n w au Au

4 Verbinde die Bilder zum au und zum Au.

au

Au

5 Kreuze das richtige Wort an.

☐ Maus	☐ Bau	☐ Schaufel	☐ Aug
☐ Mauer	☐ Bauch	☐ Schaukel	☐ Auge
☐ Maul	☐ Baum	☐ Schauma	☐ Augel

24 J

Name: ____________________

1 Wann hörst du das J/j? Schreibe auf.

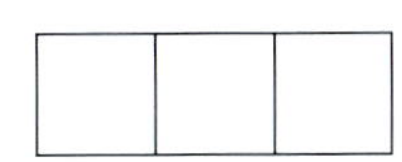

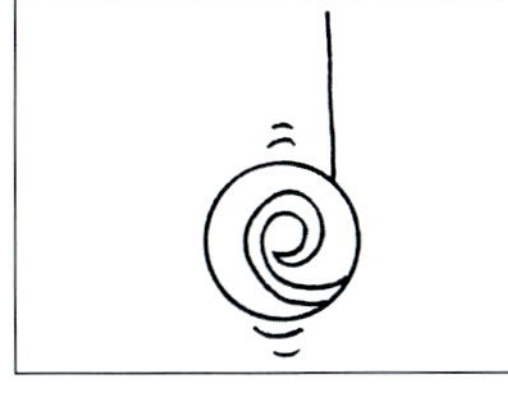
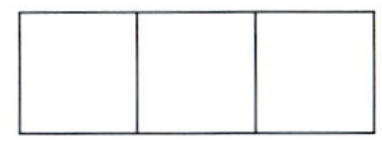

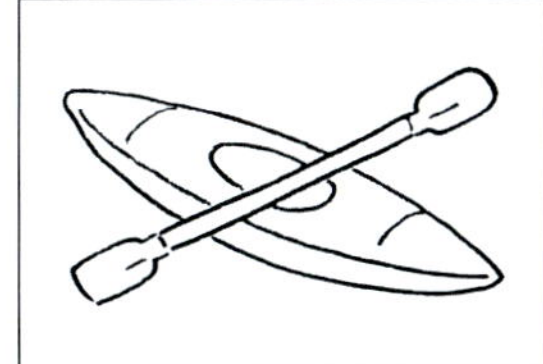
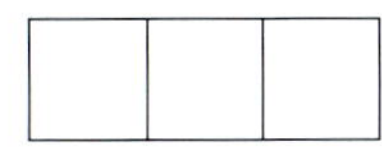

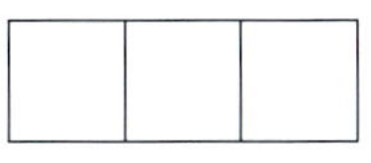

2 Verbinde.

Jo	da	fe	jam	gu
nas	Jo	ja	mern	Ja
Je	sef	gen	jem	na

3 Finde alle J/j.

G j n i I z J H J j J i Z Au Z H

J i I F f Y y j J p l j I J L

4 Verbinde die Bilder zum j und zum J.

5 Kreuze das richtige Wort an.

☐ jetzt	☐ Boje	☐ Jule	☐ Joga
☐ Jan	☐ Boden	☐ Judo	☐ Joghurt
☐ Jäger	☐ Baum	☐ Junge	☐ Jodeln

25 C

Name: ____________________

1 Wann hörst du das C/c? Schreibe auf.

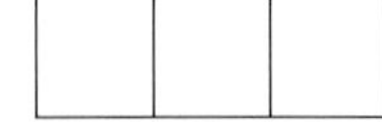
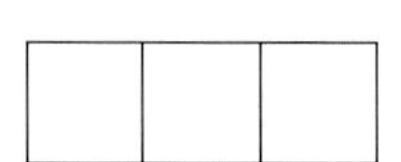
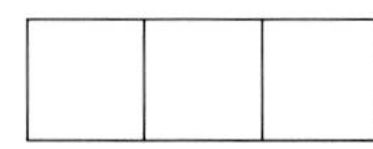
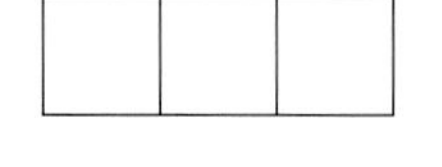

______________ ______________ ______________ ______________

2 Lies. Setze Wörter mit C ein.

In Amerika gibt es ______________.

Sie schießen mit dem ______________.

______________ trinkt mein Papa.

Zum Frühstück esse ich ______________.

Cornflakes
Colt
Cowboys
Cola

3 Finde alle C/c.

G j c n d i C I z J HO D B C i Z c Au Z d

b H J i c I F f e Y y j c J d p l j I o J C L c

4 Verbinde die Bilder zum c und zum C.

c

C

5 Kreuze das richtige Wort an.

☐ Cola
☐ Creme
☐ Cafe

☐ Cornflakes
☐ Comic
☐ Cola

☐ Comma
☐ Cafe
☐ Computer

☐ Cowboy
☐ Popcorn
☐ Comic

26 Ch

Name: ____________________

1 Wann hörst du das Ch/ch? Schreibe auf.

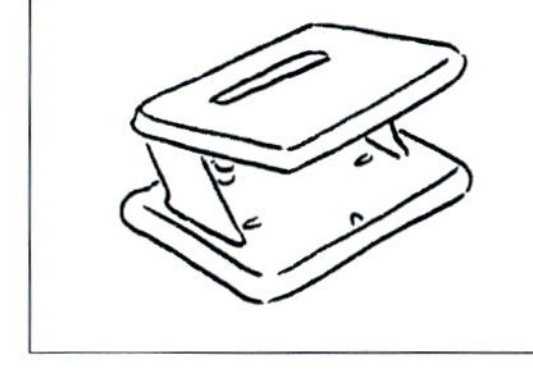

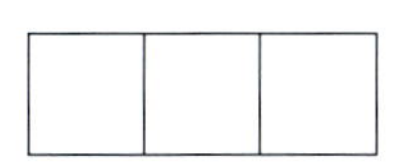

2 Lies. Setze Wörter mit Ch/ch ein.

Wenn es dunkel ist, mache ich ________________.

In China leben ________________.

Jedes Haus braucht ein ________________.

Ich lese in einem ________________.

Buch
Chinesen
Licht
Dach

3 Finde alle Ch/ch.

G j ch n d i Ch l z J Ch O D B C i Z c Au Z d
ch h b ch H J i ch I F f e Y y j c J d p l j I o J C L ch

4 Verbinde die Bilder zum Buch und zum Teich.

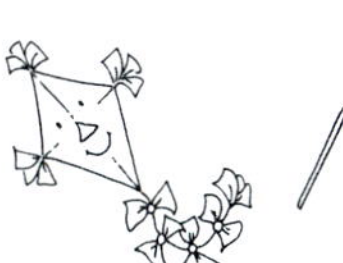
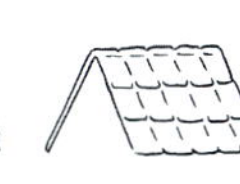

Buch — Teich

5 Kreuze das richtige Wort an.

- [ ] Michi
- [ ] mich
- [ ] Milch

- [ ] Drache
- [ ] Dreck
- [ ] Dach

- [ ] Mehl
- [ ] machen
- [ ] Mädchen

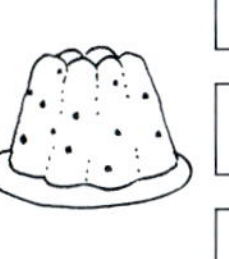

- [ ] Kuscheln
- [ ] Kuchen
- [ ] Koch

27 Ä

Name: ____________________

1 Wann hörst du das Ä/a? Schreibe auf.

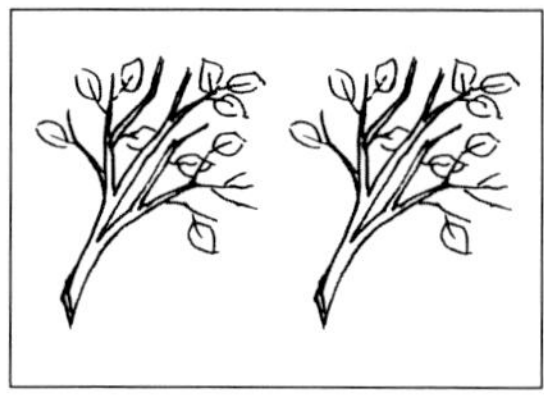

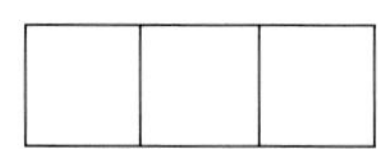

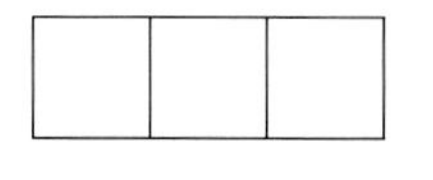

2 Lies. Setze Wörter mit ä ein.

Ich habe zwei ________________.

In meinem Mund habe ich ________________.

Das ________________ hat einen langen Zopf.

Ich esse gerne Wurst und ________________.

Käse
Mädchen
Zähne
Hände

3 Finde alle Ä/ä.

P A ä c o s O r pf d ü t F z P h Ä i ö f ä j g Pf j j ä k

ö C L Ä b h r ä pf ü ä z u e w h g u ö p Ä u f Pf

4 Verbinde die Bilder zum ä und zum Ä.

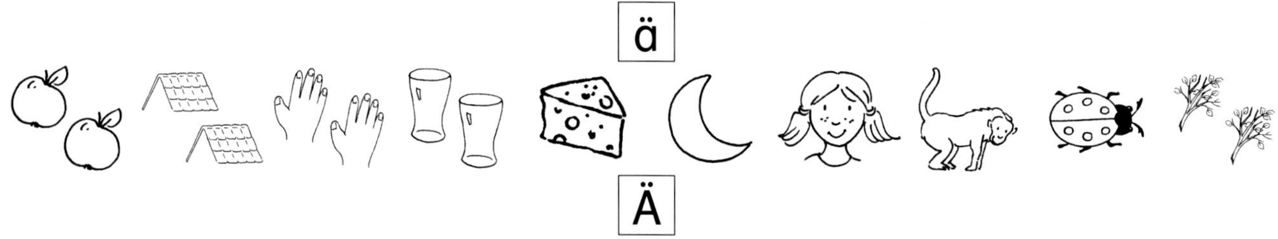

5 Kreuze das richtige Wort an.

- ☐ Mädchen
- ☐ Hände
- ☐ Hähnchen

- ☐ Gläser
- ☐ Gelb
- ☐ Kälber

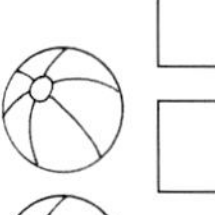

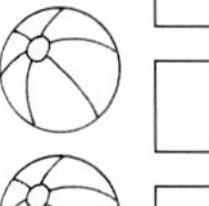

- ☐ Bläser
- ☐ Bälle
- ☐ Bellen

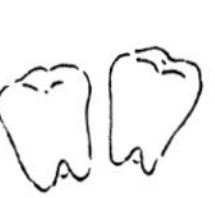

- ☐ Zähne
- ☐ Zehn
- ☐ Zahnarzt

28 Ö

Name: ____________________

1 Wann hörst du das Ö/ö? Schreibe auf.

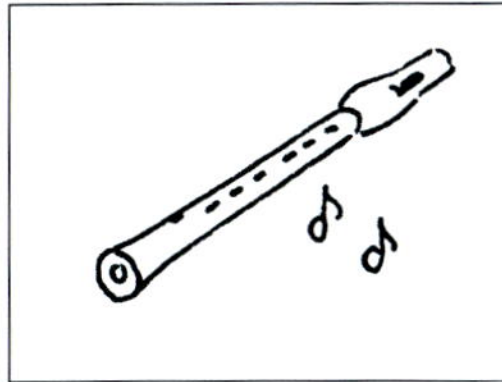
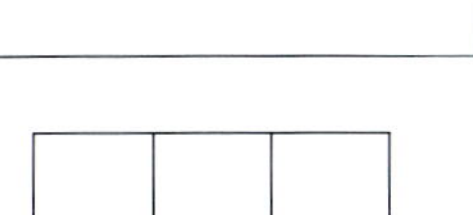

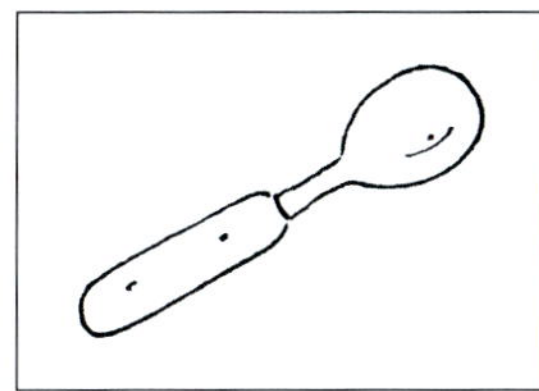
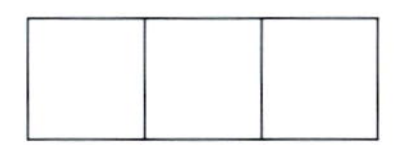
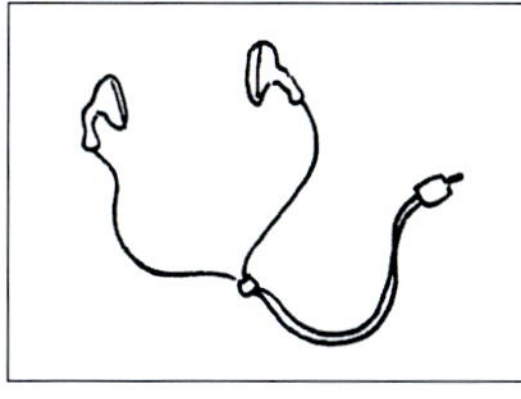

2 Lies. Setze Wörter mit ö ein.

Der ______________ lebt in Afrika.

Die ______________ bauen sich ein Nest.

Hasen mögen gerne ______________.

Meine Haare trockene ich mit dem ______________.

Möhren
Föhn
Vögel
Löwe

3 Finde alle Ö/ö.

Ö A ö c o s O r Ä d ü t Ö z Ü h ü i ö f Ä j g ö j j ö k

ö C L ch b h r ä u ü ö z u e w h g u ö p Ü u f Ö

4 Verbinde die Bilder zum ö und zum Ö.

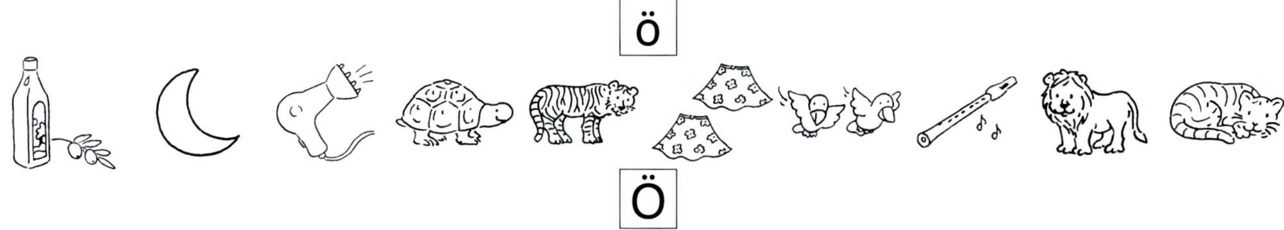

5 Kreuze das richtige Wort an.

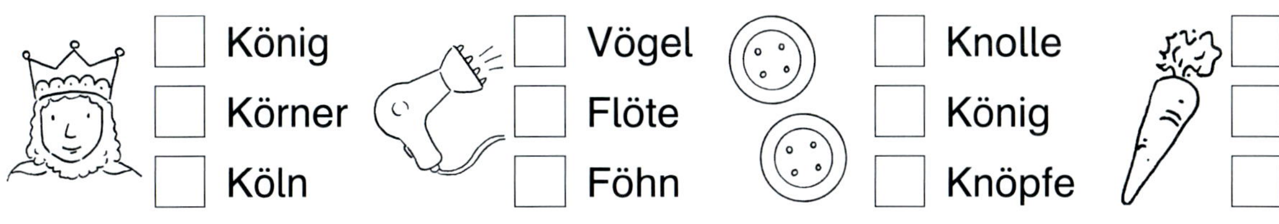

29 Ü

Name: ____________________

1 Wann hörst du das Ü/ü? Schreibe auf.

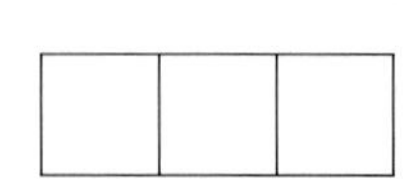

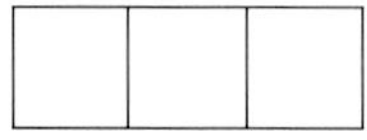
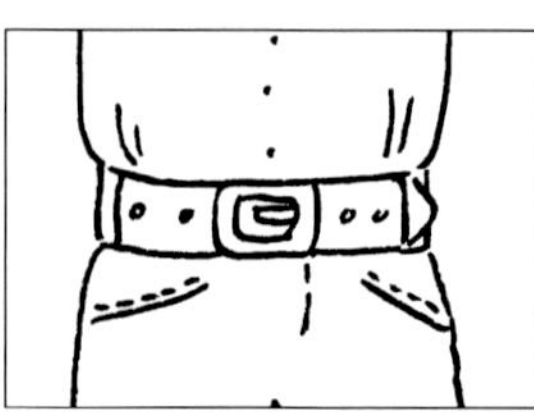
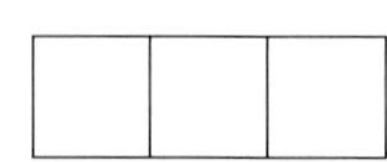

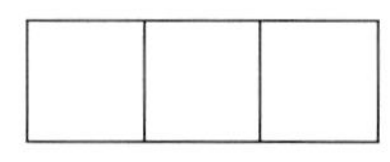

2 Lies. Setze Wörter mit ü ein.

Ich schreibe mit meinem ________________.

Der Elefant hat einen ________________.

Das Kleid hängt an einem ________________.

In der ________________ sind Gummibärchen.

Bügel
Rüssel
Tüte
Füller

3 Finde alle Ü/ü.

P A ü c o s O r pf d ü t F z P h ü Ä i ö f ü j g Pf j j ä k

ö C L Ü b h r ä pf ü ä z u e w ü h g u ö p Ä u f Ü

4 Verbinde die Bilder zum ü und zum Ü.

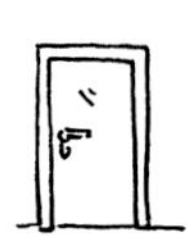

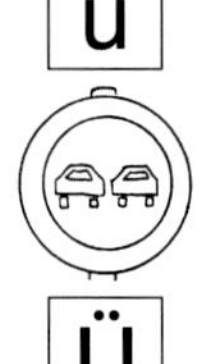

5 Kreuze das richtige Wort an.

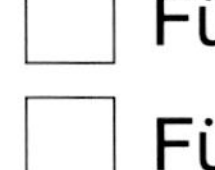

- ☐ Für
- ☐ Fünf
- ☐ Früh

- ☐ Mühe
- ☐ Müll
- ☐ Mütze

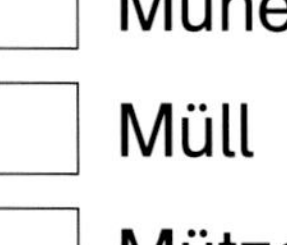

- ☐ Günter
- ☐ Gülle
- ☐ Gemüse

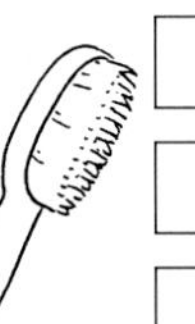

- ☐ Bürste
- ☐ Rüssel
- ☐ Bügel

30 Pf

Name: ____________________

1 Wann hörst du das Pf/pf? Schreibe auf.

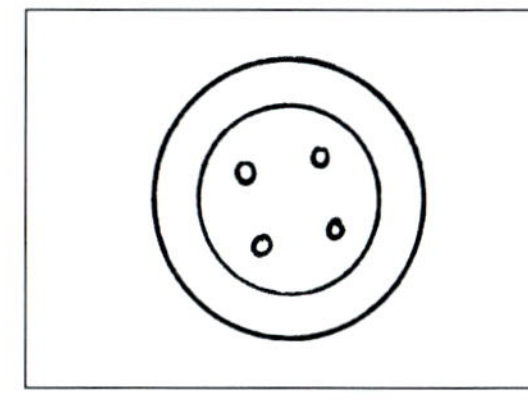

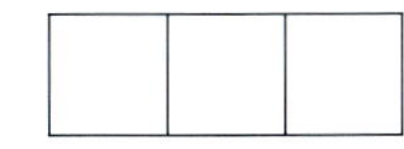

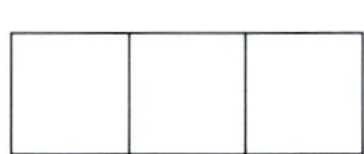
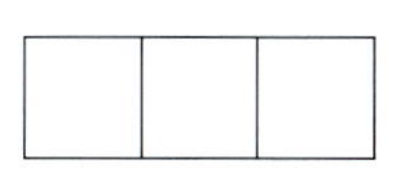

______________ ______________ ______________ ______________

2 Lies. Setze Wörter mit Pf/pf ein.

Der Reiter reitet ein ________________.

Mein Opa raucht gerne ________________.

Das Mädchen hat einen langen ________________.

Auf dem Herd stehen ____________ und ________________.

Pfeife Topf Pferd Pfanne Zopf

3 Finde alle Pf/pf.

P A pf c o s O r pf d ü t F z P h pf i ö f pf j g Pf j j pf

k ö C L pf b h r ä pf ü pf z u e w h g u ö p pf u f Pf

4 Verbinde die Bilder zum pf und zum Pf.

pf

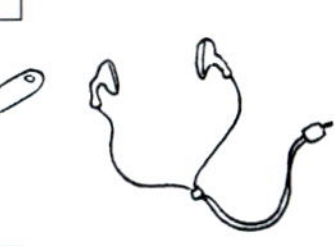
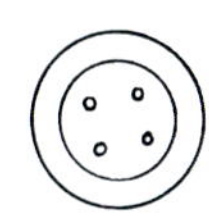

Pf

5 Kreuze das richtige Wort an.

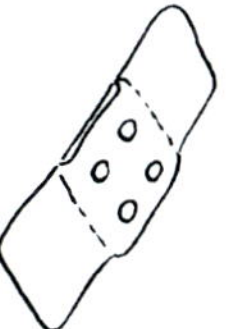

- ☐ Pfeife
- ☐ Pflanze
- ☐ Pflaster

- ☐ Apfel
- ☐ Ampel
- ☐ Zapfen

- ☐ Zapfen
- ☐ Zopf
- ☐ Topf

- ☐ Pfennig
- ☐ Pfütze
- ☐ Pferd

31 Qu

Name: ____________________

1 Wann hörst du das Qu/qu? Schreibe auf.

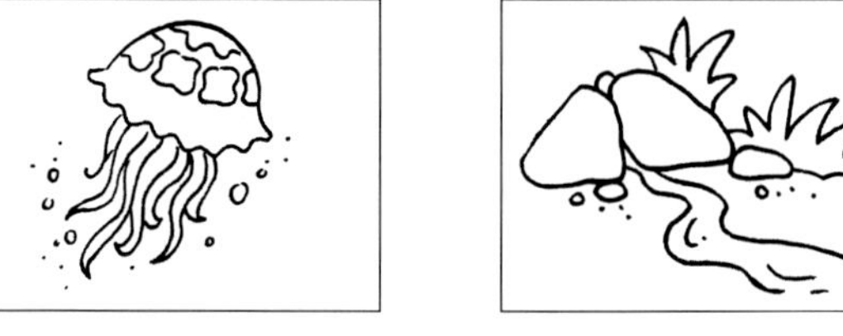
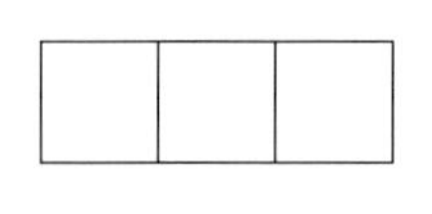

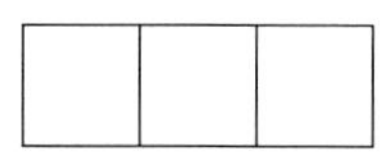

2 Lies. Setze Wörter mit Qu/qu ein.

______________ findet man im Meer.

Auf dem Brot ist ______________.

Viele Fische schwimmen im ______________.

Aus einer ______________ kommt frisches Wasser.

Aquarium
Quallen
Quark
Quelle

3 Finde alle Qu/qu.

P A qu c o d s O r pf d ü t F z P h qu i ö f k u j g
Qu j j Qu k ö C qu L pf b h r ä Qu ü u b z u qu e w

4 Verbinde die Bilder zum qu und zum Qu.

qu

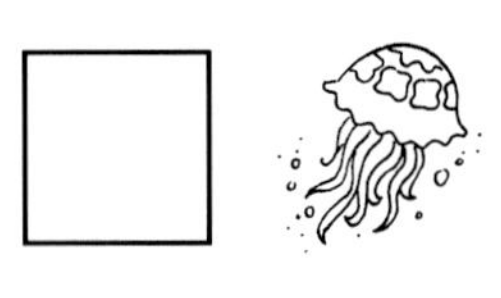

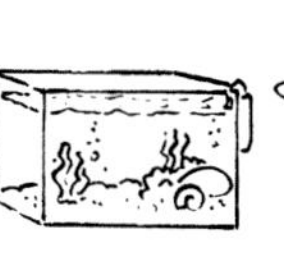

Qu

5 Kreuze das richtige Wort an.

☐ Qualle
☐ Quelle
☐ Quengel

☐ Quark
☐ Qualm
☐ Quirl

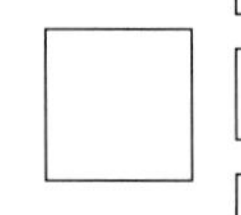

☐ Quatsch
☐ Quer
☐ Quadrat

☐ Quartett
☐ Quader
☐ Quanten

32 V

Name: ____________________

1 Wann hörst du das V/v? Schreibe auf.

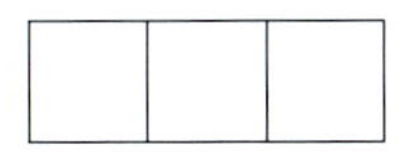
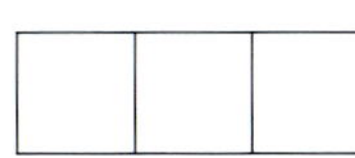
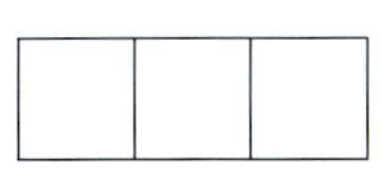

______________ ______________ ______________ ______________

2 Lies. Setze Wörter mit V ein.

______________ fliegen durch den Garten.

Eine ______________ steht auf dem Tisch.

Der ______________ gibt dem Kind einen Kuss.

Dracula ist ein ______________.

Vampir Vögel Vater Vase

3 Wie klingt V/v?

Schreibe auf: | Vampir, Vater, Vase, Vaseline, vier, Vogel, viel, Vegetarier |

F 

____
____
____
____

W 

____
____
____
____

4 Kreuze das richtige Wort an.

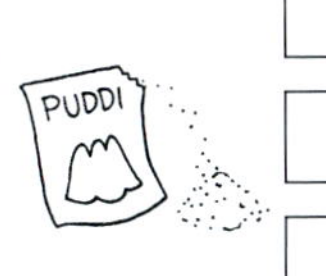

☐ Pudel
☐ Pulver
☐ Vieh

☐ Klavier
☐ Klage
☐ Klasse

☐ Vogel
☐ Vulkan
☐ Voll

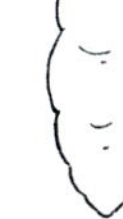

☐ Luft
☐ Lama
☐ Larve

33 X

Name: ____________________

1 Wann hörst du das X/x? Schreibe auf.

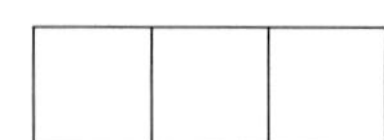

____

____

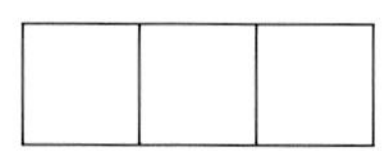

____

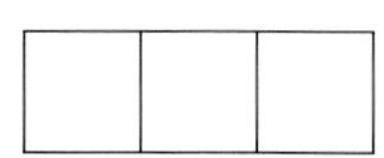

____

2 Lies. Setze Wörter mit X/x ein.

Ein ____________________ ist ein Auto.

Eine ____________________ gibt es im Märchen.

Mit dem ____________________ rührt man den Teig.

Eine ____________________ ist ein Werkzeug.

____________________ ist ein Name.

Mit einem ____________________ kann man Musik machen.

Max Hexe Taxi Mixer Axt Xylophon

3 Finde alle X/x.

D k x K I X B l o s e f g o X x k s g j p X a e x
x w f z g t X w h u k j x d s k g f z r f g x x

4 Kreuze das richtige Wort an.

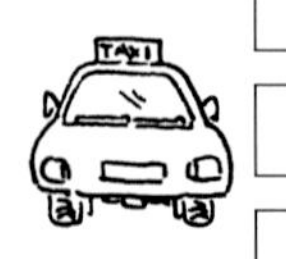

☐ Trax
☐ Trixi
☐ Taxi

☐ Hexenkessel
☐ Hexe
☐ Haxe

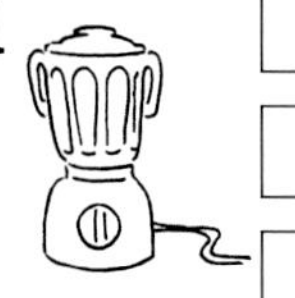

☐ Milch
☐ Mixer
☐ Max

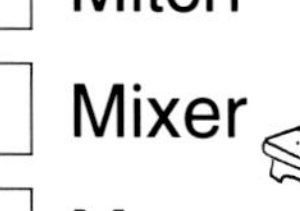

☐ Musik
☐ Xaver
☐ Xylophon

34 Y

Name: ____________________

1 Wie klingt Y/y?

Schreibe auf:

Pyramide – Yak – Hobby – Pony – Yacht – Ypsilon – Yoga – Baby – Zylinder – Gymnastik – Yeti

Wie Ü 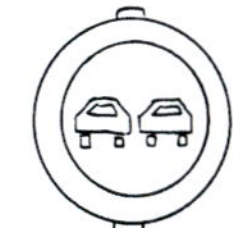

____________________ ____________________

____________________ ____________________

Wie I 

____________________ ____________________

____________________ ____________________

Wie J 

____________________ ____________________

____________________ ____________________

2 Lies. Setze Wörter mit Y/y ein.

Teddy – Gymnastik – Pony – Pyramiden – Zylinder – Yeti

Ein ____________________ kann man reiten.

Ein ____________________ ist ein Hut.

In Ägypten stehen ____________________.

Mein Kuscheltier ist ein ____________________.

Mama macht viel ____________________.

Ein ____________________ ist ein Schneemensch.

35 Nomen (1)

Name: ____________________

1 Was weißt du über Nomen?

____

____

____

____

2 Schreibe das Nomen mit Begleiter auf.

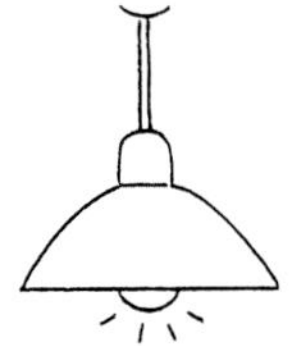

______________ ______________ ______________

3 Finde selbst passende Nomen zu den Begleitern.

der	die	das

4 Schreibe den **unbestimmten** Begleiter (ein, eine).

der Stuhl ______________

der Hund ______________

das Mädchen ______________

die Blume ______________

das Kind ______________

die Tasse ______________

35 Nomen (2)

Name: ____________

5 Finde die Nomen und kreise sie ein.

GRÜN	HAUS	FUß	STEHEN
KATZE	LÄUFT	ÜBER	ROTE
MUTTER	GROß	STIFT	

6 Schreibe die Mehrzahl mit passendem Begleiter.

das Kind ____________

der Junge ____________

das Bild ____________

das Auto ____________

der Vogel ____________

der Hund ____________

die Blume ____________

der Ball ____________

7 Nomen kann man zusammensetzen.

-Blatt ____________

-Farben ____________

-Wetter ____________

-Blume ____________

36 Verben

Name: ____________________

1 Was weiβt du über Verben?

____

2 Schreibe unter jedes Bild ein passendes Verb.

______________ ______________ ______________

3 Setze die richtige Personalform ein.

gehen	ich	du	er
haben	ich	du	er
spielen	ich	du	er

4 Finde die Verben und kreise sie ein.

HOSE LIEGEN RECHNEN WEIT RENNT

STEHEN HÄUSER KOMMT DÜNN

5 Setze die richtige Personalform ein.

Bei Familie Müller ____________ (herrschen) heute Chaos. Im Kinderzimmer ____________ (liegen) Puppen auf dem Boden. Frau Müller ____________ (putzen) gerade das Bad. Herr Müller ____________ (lesen) seine Zeitung. Julia Müller ____________ (malen) ein Bild. Tom Müller ____________ (schreiben) einen Brief.

37 Adjektive

Name: ____________________

1 Was weißt du über Adjektive?

____

____

2 Beschreibe die Bilder mit Adjektiven.

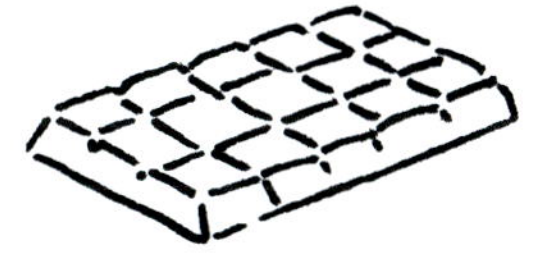

__________ __________ __________ __________

3 Schreibe drei sinnvolle Sätze zu den Adjektiven.

Beispiele:

1) Die Katze ist ______________________

2) ______________________

3) ______________________

niedlich
riesig hungrig
hart säuerlich
schwarz süß
feierlich

4 Finde die Adjektive und kreise sie ein.

GEHT VOGEL HOCH BÄR LIED KÄLTER

GELB RENNT GROß DICKER WINTER

5 Vergleiche mit den Adjektiven.

klein		
	älter als	
		am schnellsten

38 Nomen/Verben/Adjektive

Name: ____________________

1 Kreise die Nomen rot, die Verben blau und die Adjektive grün ein.

KANN	GAST	FILM	FINDEN	LEUTE	KLEIN
SCHWINGT	HÖHER	TRAURIG	TANZT	GELB	

2 Kreise die Nomen rot, die Verben blau und die Adjektive grün ein.

a) Hans kauft sich einen roten und teuren Gummiball.

b) Die kleinen Kinder auf dem Spielplatz raufen, klettern und singen.

c) Tim ist größer als Max.

d) Das lustige Spiel macht den Schülern viel Spaß.

e) Der braune Hund hat mehr Flöhe als die schwarze Katze.

3 Schreibe fünf sinnvolle Sätze zum Bild. Markiere die Nomen rot, die Verben blau und die Adjektive grün.

1) ____________________

2) ____________________

3) ____________________

4) ____________________

5) ____________________

39 Satzarten und Satzzeichen

Name: ____________________

1 Setze die Satzzeichen am Ende des Satzes und schreibe die Satzart auf.

Warum hast du so große Ohren_ ____________________

Damit ich besser hören kann_ ____________________

Hüte dich vor dem bösen Wolf_ ____________________

Es ist so bitter kalt_ ____________________

Wer knuspert an meinem Häuschen_ ____________________

Gretel, hilf mir_ ____________________

Räume die Küche auf_ ____________________

Wem gehört der Schuh_ ____________________

Die beiden tanzten bis Mitternacht_ ____________________

Hast du von meinem Teller gegessen_ ____________________

Die Stiefmutter steht vor dem Spiegel_ ____________________

Bringe Schneewittchen in den Wald_ ____________________

Holst du mir die Kugel aus dem Brunnen_ ____________________

Heinrich, der Wagen bricht_ ____________________

Der Frosch klopft an die Tür_ ____________________

Heißt du vielleicht Hinz_ ____________________

Spinne das Stroh zu Gold_ ____________________

Die Müllerstochter ist verzweifelt_ ____________________

40 Reime

Name: ____________________

1 Welches Wort reimt sich?

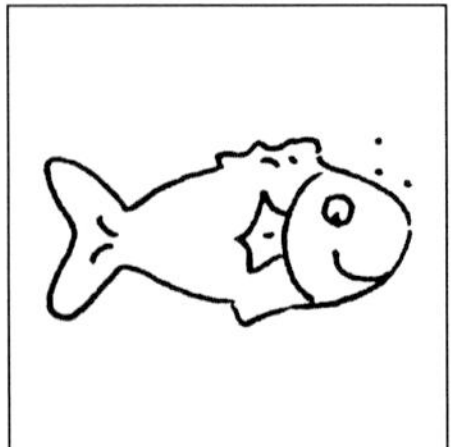

Fleisch – Tisch – Tasche

Pinsel – Kind – Igel

Sonne – Tag – Lack

2 Schreibe die Reimwörter auf.

Schnecke	Tee	Laus	neu
D__________	S__________	M__________	tr__________
H__________	Kl__________	H__________	sch__________
Z__________	F__________	Schm__________	

3 Finde die Reimwörter und schreibe sie auf.

Mund – Hort – Sonne – Reis – Rose – Riese –
Wonne – Eis – Wort – Hund – Hose – Wiese

Eis – Reis   __________ – __________

__________ – __________   __________ – __________

__________ – __________   __________ – __________

4 Reime selbst.

Oje, der arme Hase, der hat 'ne Blase auf der __________.

Die kleine süße Meise macht sich nun auf die __________.

Die freche schwarze Katze, die kratzt mich mit der __________.

Der lange braune Wurm hat Angst vorm großen __________.

Guck nur, die arme Eule, die hat 'ne riesengroße __________.

41 Doppelkonsonant

Name: ______________________

1 Schreibe das Wort. Markiere den kurzen Vokal (Selbstlaut) mit einem Punkt.

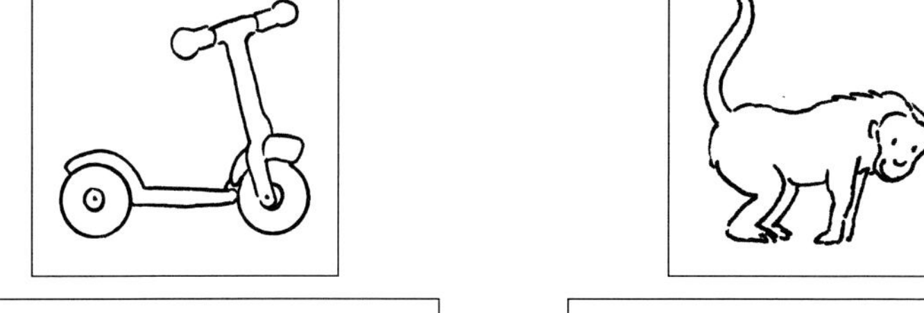
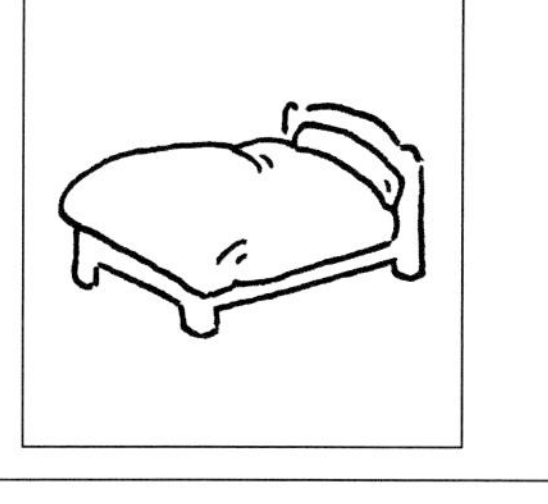

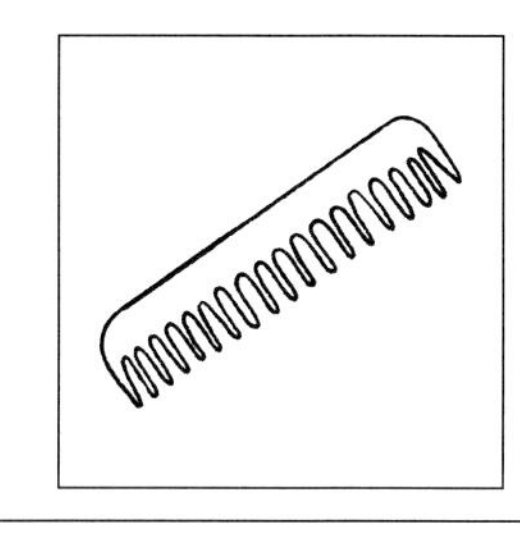

2 Entscheide, ob der fehlende Buchstabe ein Doppelkonsonant ist.

Aschenpu__el und Schneewi__chen feiern Geburtstag.
t/tt t/tt

Sie wo__en, dass viele Freunde ko___en.
l/ll m/mm

Sie bi__en ihre Mütter um Hilfe.
t/tt

Zum E__en gibt es Pfa___kuchen mit Marmela__e.
s/ss n/nn d/dd

Im Ga__ten ste__en sie Stühle und Tische auf.
r/rr l/ll

Die Gäste ste__en die Pake__e unter die große Ta__e.
l/ll t/tt n/nn

Der Froschkö__ig gibt a__en zum Abschied einen Ku__.
n/nn l/ll s/ss

42 ie

Name: ____________________

1 Wann hörst du das ie? Schreibe auf.

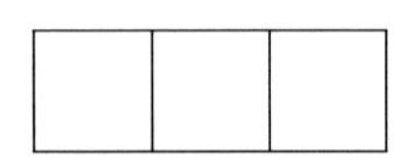

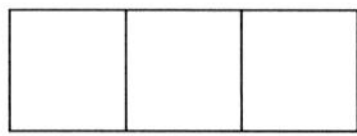

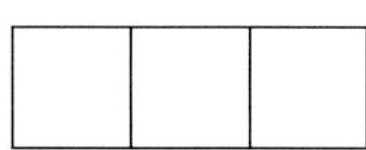

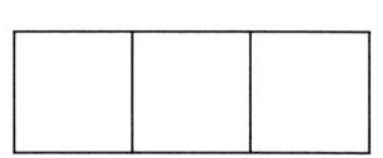

2 Lies. Setze Wörter mit ie ein.

Ich kenne ____________ Buchstaben.

Die ____________ steht in der Sonne.

Ich habe meine Eltern sehr ____________.

Schneewittchen lebt bei den ____________ Zwergen.

Der Bagger gräbt ein ____________ Loch.

sieben
lieb
tiefes
viele
Liege

3 Kreuze das richtige Wort an.

- [ ] Brigitte
- [ ] Bild
- [ ] Brief

- [ ] Biene
- [ ] Biege
- [ ] Brei

- [ ] Wiesel
- [ ] Wiege
- [ ] Wiese

- [ ] Sieb
- [ ] sieben
- [ ] Siegel

4 Schreibe die Wörter mit der, die oder das auf.

Dieb – Spiel – Knie – Liebe – Ziege – Lied – Tier – Riese

der Dieb ____________ ____________

43 ck

Name: ______________

1 Wann hörst du das ck? Schreibe auf.

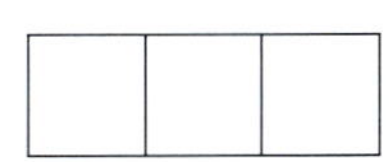

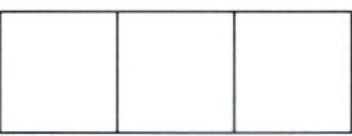

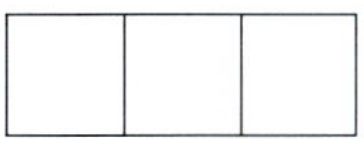
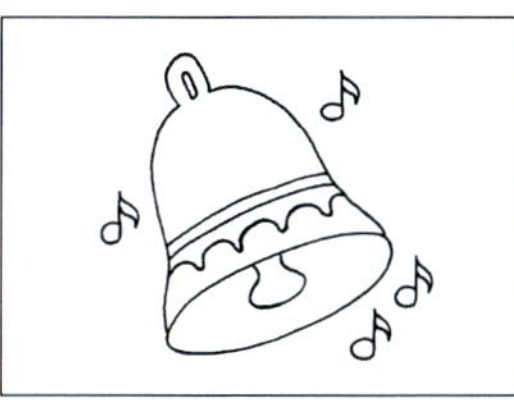

______________ ______________ ______________ ______________

2 Lies. Setze Wörter mit ck ein.

Ein ______________ ist ein Hund.

______________ gibt es im Wald.

An der ______________ hängt eine Lampe.

Ein Märchen heißt „Hans im ______________ “.

Sie hat Durst und trinkt einen ______________ Wasser.

Decke
Glück
Zecken
Dackel
Schluck

3 Kreuze das richtige Wort an.

- [ ] Zecke
- [ ] Sack
- [ ] Socke

- [ ] Bäcker
- [ ] Backe
- [ ] Pickel

- [ ] Macke
- [ ] Meckern
- [ ] Mücke

- [ ] Decke
- [ ] Deckel
- [ ] Dackel

4 Schreibe die Wörter mit der, die oder das auf.

Zecke – Decke – Sack – Socke – Glück – Nagellack – Bäcker

die Zecke ______________ ______________

______________ ______________

______________ ______________

____

44 tz

Name: ____________________

1 Wann hörst du das tz? Schreibe auf.

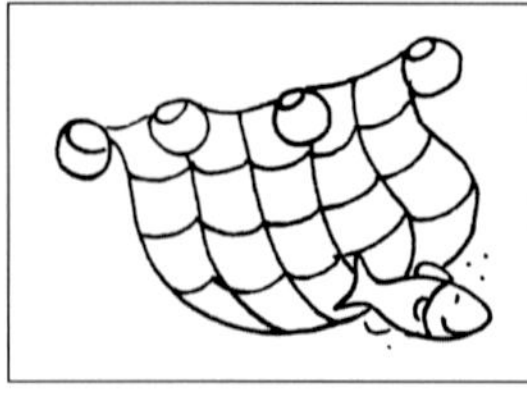

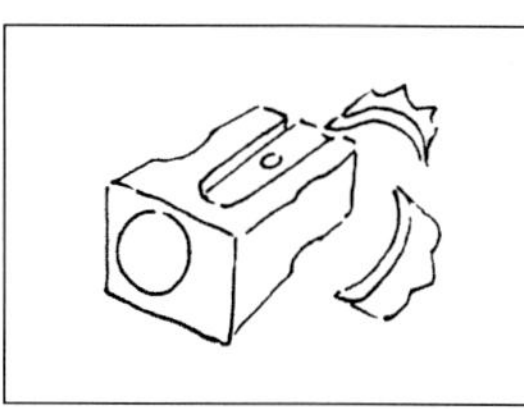

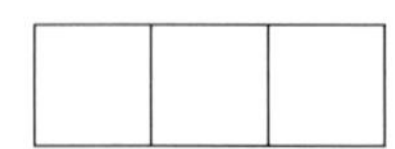

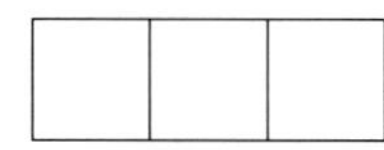

______________ ______________ ______________ ______________

2 Lies. Setze Wörter mit tz ein.

Max macht einen ______________. Alle lachen.

______________ heißt das Kind vom Reh.

Die Krankenschwester gibt dir eine ______________.

Es donnert. Am Himmel ist ein ______________.

Im Nest sitzt ein kleiner ______________.

Spritze
Witz
Spatz
Kitz
Blitz

3 Kreuze das richtige Wort an.

☐	Tatze
☐	Tante
☐	Tag

☐	Spritze
☐	Spitz
☐	Spatz

☐	Schlitz
☐	Schutz
☐	Schatz

☐	Kitzeln
☐	Katze
☐	Kitz

4 Schreibe die Wörter mit der, die oder das auf.

Platz – Pfütze – Sitz – Witze – Mütze – Schutz – Tatzen

der Platz ______________

______________ ______________

______________ ______________

______________ ______________

45 ß

Name: ______________

1 Wann hörst du das ß? Schreibe auf.

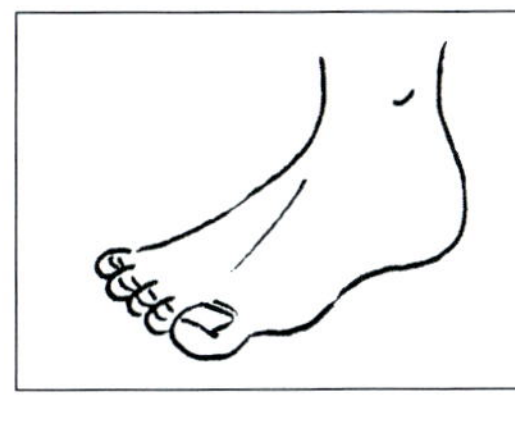

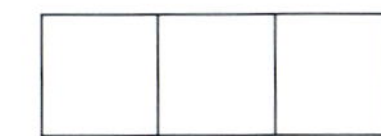
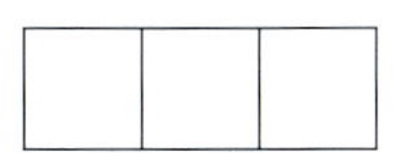
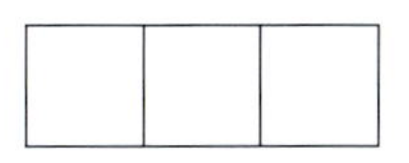

______ ______ ______ ______

2 Lies. Setze Wörter mit ß ein.

Lina ______________ die Blumen.

Der Lehrer ______________ das Papier.

Der Tiger ______________ den Wärter in den Po.

Der Schnee ist ______________.

Im Sommer ist es ______________.

heiß
weiß
beißt
zerreißt
gießt

3 Kreuze das richtige Wort an.

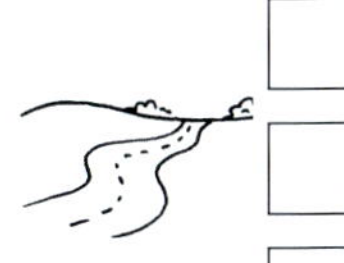

☐ Straße
☐ Strauß
☐ Strahl

☐ Gier
☐ Geist
☐ Gießkanne

☐ Fußbad
☐ Fußball
☐ Fußspur

☐ Floß
☐ Fluss
☐ Fleiß

4 Finde die Reimwörter und schreibe sie auf.

<u>bloß</u> – schießen – heiß – gießen – reißen –
<u>Schoß</u> – fließen – beißen – schließen – weiß

bloß – Schoß

______ – ______ ______ – ______

______ – ______ ______ – ______

46 ng

Name: ____________________

1 Wann hörst du das ng? Schreibe auf.

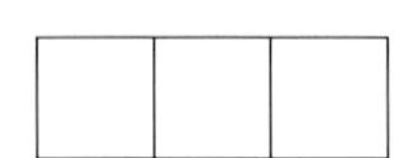

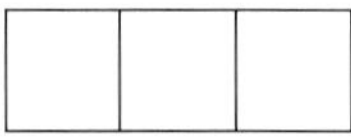
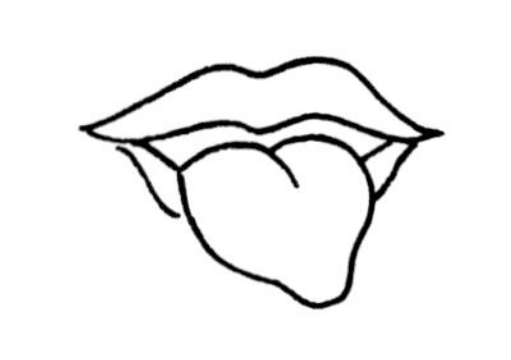
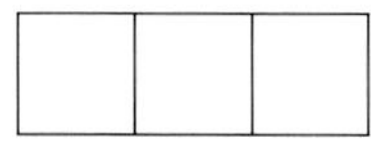

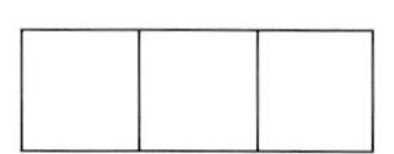

____________ ____________ ____________ ____________

2 Lies. Setze Wörter mit ng ein.

Tim macht einen ____________ vom Baum.

____________ sind ganz lange Tiere.

Anne hat große ____________ vor Schlangen.

Eine Gitarre hat einen tollen ____________.

Viele ____________ schwirren durch die Luft.

Schlangen Angst Sprung Schmetterlinge Klang

3 Kreuze das richtige Wort an.

- ☐ Zunge
- ☐ Zange
- ☐ Ziege

- ☐ Junge
- ☐ Lunge
- ☐ Lange

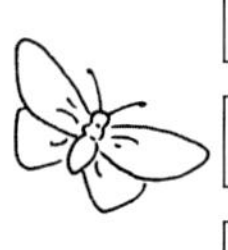

- ☐ Biene
- ☐ Hummel
- ☐ Schmetterling

- ☐ Anzug
- ☐ Anne
- ☐ Angel

4 Schreibe die Wörter mit der, die oder das auf.

Lunge – Ring – Zange – Angel – Junge – Klang – Zeitung

die Lunge

____________ ____________

____________ ____________

____________ ____________

47 Eu

Name: ____________________

1 Wann hörst du das Eu/eu? Schreibe auf.

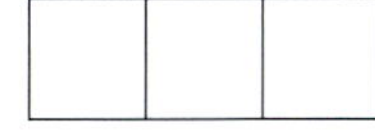
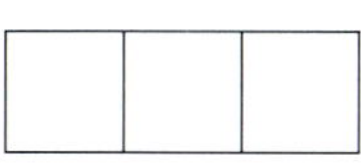
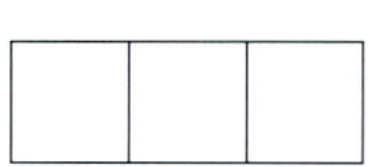

______________ ______________ ______________ ______________

2 Lies. Setze Wörter mit Eu/eu ein.

Marie hat ein ______________ Fahrrad.

Der rote Ferrari ist sehr ______________.

______________ kann es regnen, stürmen oder schneien.

Viele ______________ gehen ins Kino.

Das Reh ist sehr ______________.

Auf dem Kuchen sind ______________ Kerzen.

Die Kuh hat ein ______________.

Heute Euter scheu teuer neues Leute neun

3 Kreuze das richtige Wort an.

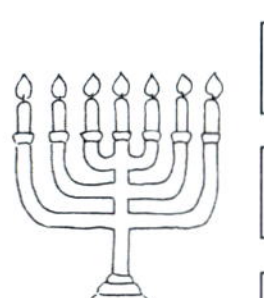

- ☐ Leuchter
- ☐ Licht
- ☐ Lächeln

- ☐ Euro
- ☐ Euter
- ☐ Eule

- ☐ Fee
- ☐ Freude
- ☐ Feuer

- ☐ Kreuz
- ☐ Kreiz
- ☐ Kautz

4 Finde die Reimwörter und schreibe sie auf.

Leute – scheu – <u>neune</u> – teuer – Keule – Beute – neu – Feuer – Beule – <u>Scheune</u>

Scheune – neune

______________ – ______________ ______________ – ______________

______________ – ______________ ______________ – ______________

48 äu

Name: ____________________

1 Wann hörst du das äu? Schreibe auf.

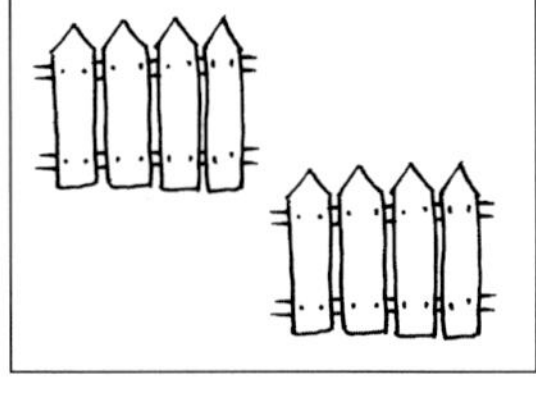
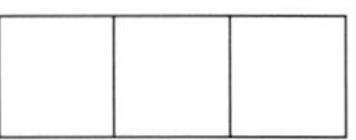

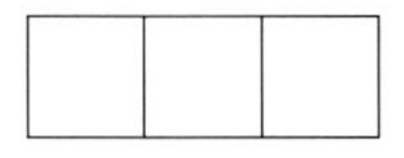

2 Lies. Setze Wörter mit äu ein.

Im Haus sind viele ________________.

Igitt, Lise hat ________________.

Viele ________________ stehen im Garten.

Tom hatte letzte Nacht zwei ________________.

Die Braut gehört zum ________________.

Der Junge ________________ zur Schule.

Läuse
Sträucher
läuft
Räume
Bräutigam
Träume

3 Aus eins mach zwei.

ein/eine	**zwei**
Faust	________________
Raum	________________
Strauch	________________
Braut	________________
Baum	________________
Zaun	________________

49 Sp

Name: ____________________

1 Wann hörst du das Sp/sp? Schreibe auf.

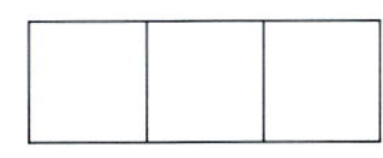
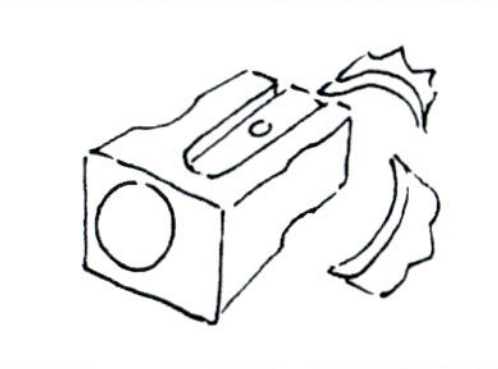

2 Lies. Setze Wörter mit Sp/sp ein.

Die Kinder ______________ Fußball.

Im Schloss ______________ es.

Ich muss noch das Geschirr ______________.

Das Geld kommt in die ______________.

Papa macht viel ______________.

spukt Sport spülen Spardose spielen

3 Wann hörst du das Sp/sp? Schreibe auf.

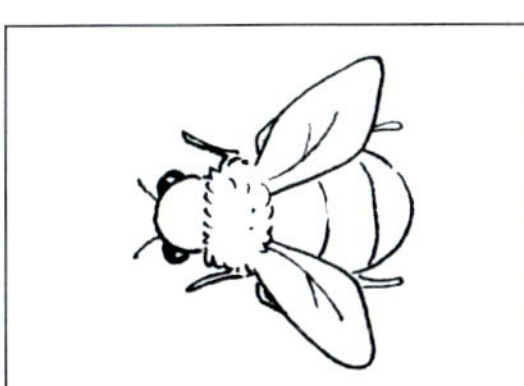
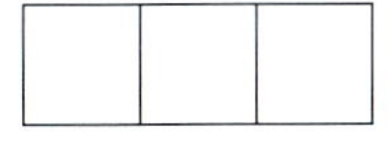

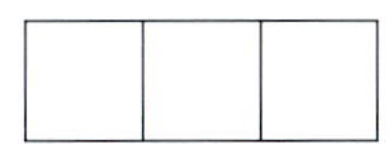
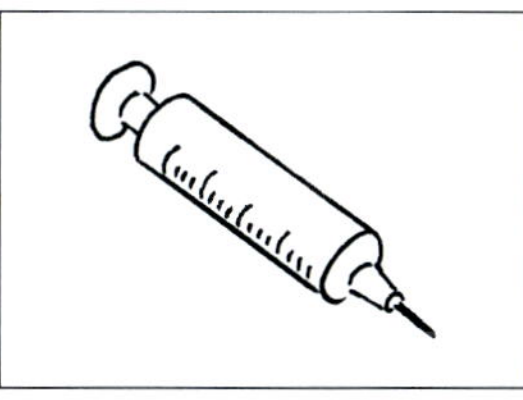

4 Klingt Sp/sp wie Spinne oder wie Kasper? Verbinde.

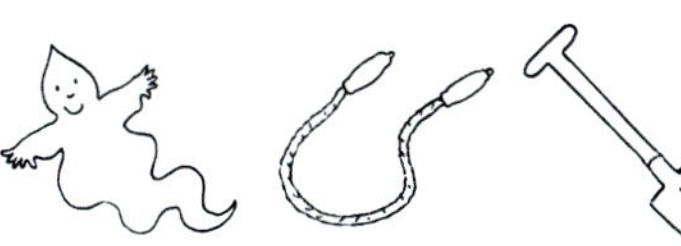
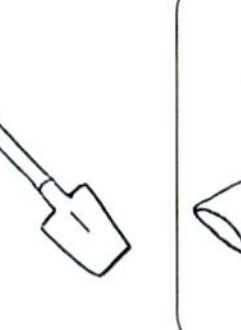

Name: ____________________

1 Wann hörst du das St? Schreibe auf.

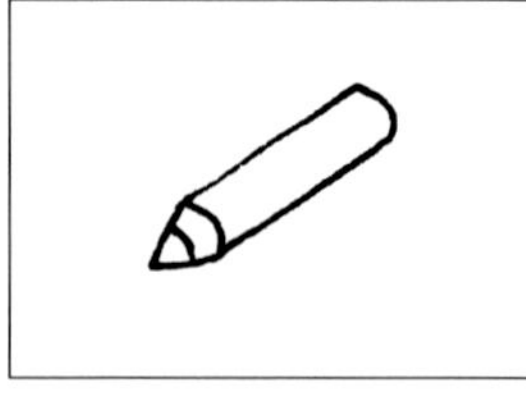
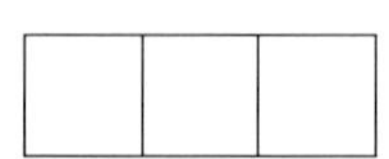
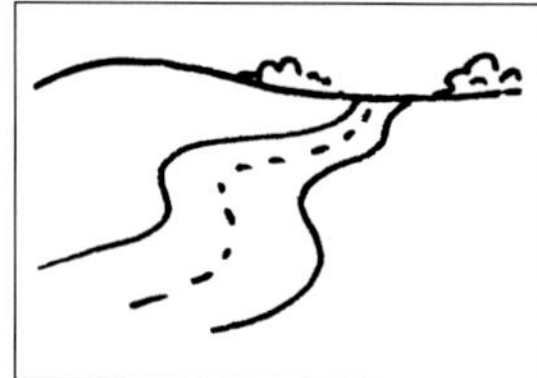
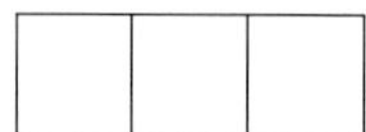

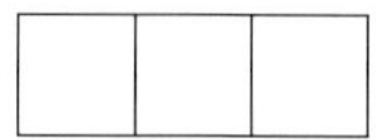

2 Lies. Setze Wörter mit St/st ein.

Tim hat viele Muskeln. Er ist ________________.

Die Kinder ________________ Bilder aus Tonpapier.

Der Kasper macht viel Spaß. Er ist ________________.

Die Maler ________________ das Haus.

Der ________________ bringt die Kinder.

basteln
stark
streichen
lustig
Storch

3 Wann hörst du das st? Schreibe auf.

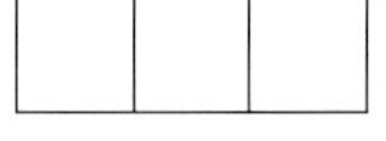
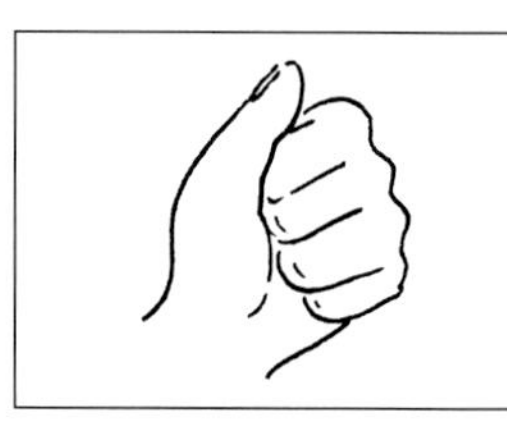
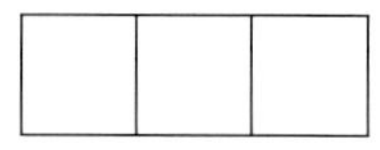
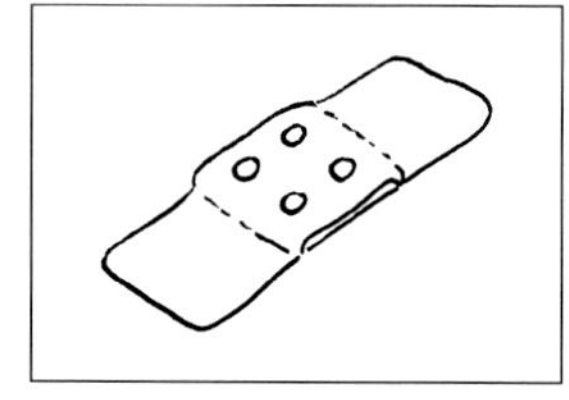

4 Klingt St/st wie Stern oder wie Geist? Verbinde.

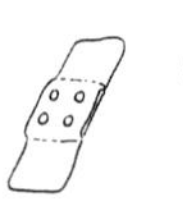

51 Nomen a/ä o/ö au/äu u/ü

Name: ____________________

1 Aus eins mach zwei.

ein/eine	**zwei**	**ein/eine**	**zwei**
Ball	____________	Zopf	____________
Raum	____________	Bauch	____________
Ofen	____________	Kuss	____________
Kuh	____________	Strauch	____________
Baum	____________	Topf	____________
Stall	____________	Hahn	____________
Zahn	____________	Glas	____________

2 Schreibe die Nomen zu den passenden Begleitern.

Täubchen – Flöte – Müll – Löffel – Mäuschen – Strümpfe – Dach – Dächer – Rätsel – Mann – Strumpf

der	die	das

3 Trage die fehlenden Wörter ein. Wähle passende Wörter von oben aus.

Lisa hat lange Haare. Sie flicht sich oft ____________.

Die ____________ im Garten müssen geschnitten werden.

Die Kinder klettern gerne auf die ____________.

Die ____________ in unserem Haus sind sehr groß.

Die Tiere auf dem Bauernhof sind in ____________ untergebracht.

Im Mund haben wir 32 ____________.

52 Einsilbige Wörter schreiben

Name: ____________________

1 Schreibe auf. Benutze deine Anlauttabelle.

____

____

____

____

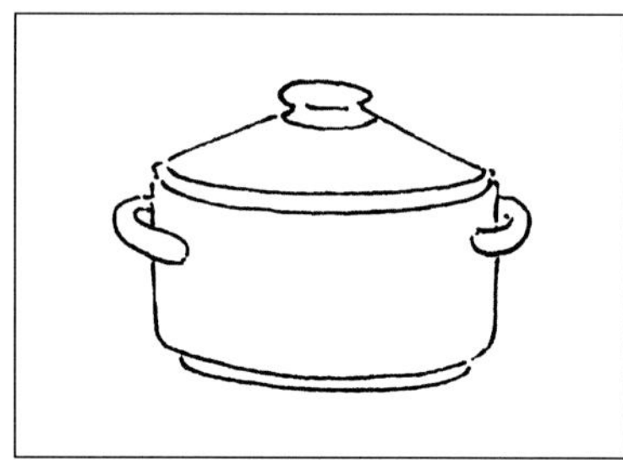

____

____

____

____

53 Zweisilbige Wörter schreiben

Name: ____________________

1 Schreibe auf. Benutze deine Anlauttabelle.

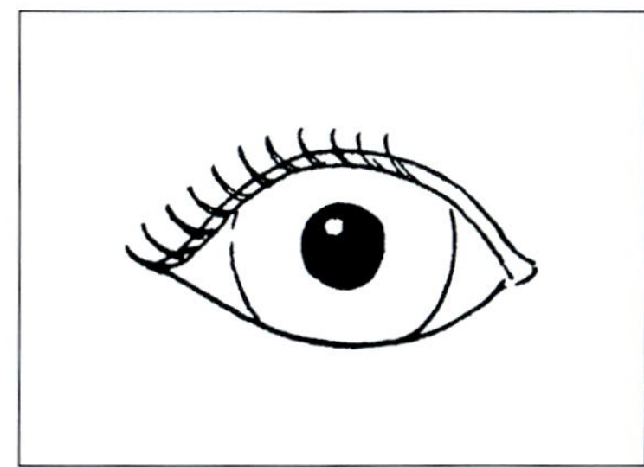

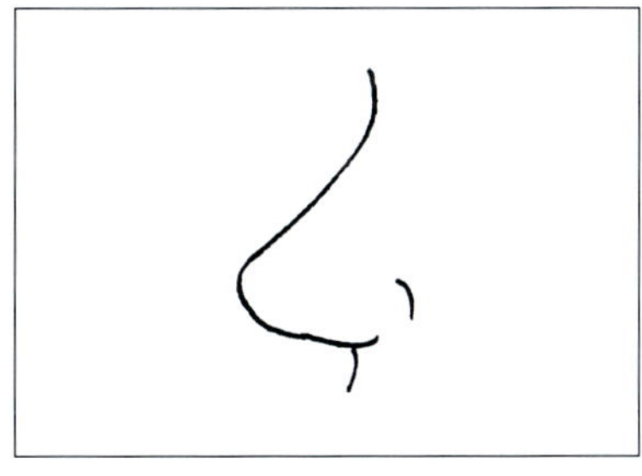

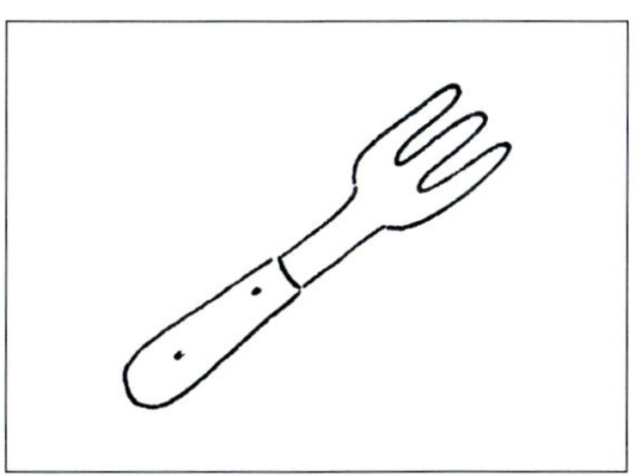

54 Dreisilbige Wörter schreiben

Name: ____________________

1 Schreibe auf. Benutze deine Anlauttabelle.

55 Lesefähigkeit 1

Name: ____________________

1 Verbinde Anlaut und Bild.

I N S L T E M O R P

2 Welcher Endlaut passt?

-o
-a
-e

-e
-t
-o

-s
-l
-i

-k
-e
-m

3 Verbinde das richtige Wort mit dem Bild.

Oma
Opa
Osa

Oma
Sofa
Mofa

Timo
Mimo
Limo

Rose
Hose
Dose

4 Welcher Laut passt?

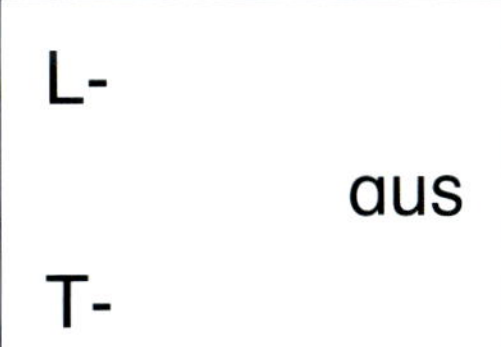

L- / T-	aus
E- / I-	gel
S- / R-	onne
T- / H-	ee

56 Lesefähigkeit 2

Name: ____________________

1 Verbinde Wort und Bild.

Stift Gitarre Tasche Krokodil Auto

Taxi Katze Mond Schwein Baum

2 Male.

Auto am Strand

Junge und Maus am Strand

Hund neben dem Sofa

Baum auf dem Sofa

Das Haus hat ein Fenster.

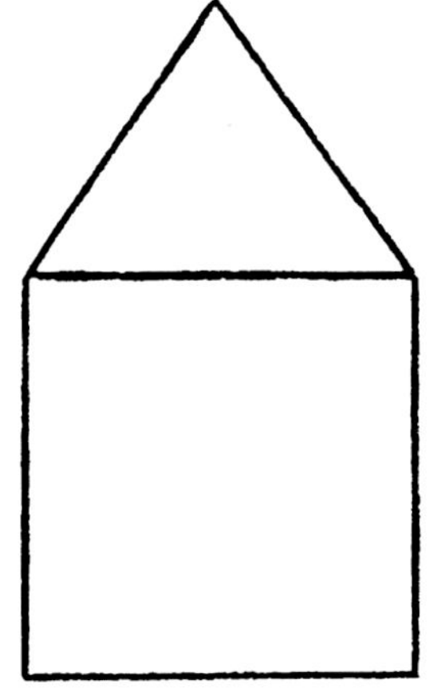

Das Haus ist am Teich.

57 Lesefähigkeit 3

Name: ____________________

1 Male.

Neben dem Pferd sitzt ein Krokodil auf einem Stuhl.

Male einen Kreis. Unter dem Kreis malst du ein Viereck. Rechts neben dem Viereck malst du ein Dreieck.

Male einen Obstkorb mit drei Bananen, sechs Äpfeln und zwei Kirschen.

Auf der Wiese steht ein Haus mit drei Fenstern. In jedem Fenster ist eine gelbe Blume zu sehen.

Auf der Straße fahren vier Autos und ein Fahrrad. Der Fahrradfahrer trägt einen braunen Helm.

Name: ____________________

Der Schneemann

An einem sonnigen Wintertag sagt sich Dirk: „Ich möchte heute einen Schneemann bauen." Er geht zu seiner Freundin Maisha und fragt sie, ob sie ihm hilft. Voller Freude laufen sie in den Garten und rollen eine kleine Schneekugel zu einem großen Ball. Danach formen sie eine etwas kleinere Kugel für den Bauch und eine noch kleinere für den Kopf. Anschließend suchen sie nach kleinen Kieselsteinen, um die beiden Augen und drei Knöpfe darzustellen. Den Mund formen sie aus Schnee. Als Arme stecken sie zwei dünne Äste in die Seite. Jetzt fehlt nur noch die Nase!

1 Beantworte die Fragen. Schreibe einen vollständigen Satz.

1. Was möchte Dirk bauen?

____

2. Zu wem geht Dirk?

____

3. Wie viele Kieselsteine stecken im Schneemann?

____

4. Woraus bestehen die Arme?

____

5. Woraus könnte die Nase sein?

____

Name: ____________________

Der Ausflug

Die 2. Klasse möchte mit ihrer Lehrerin einen Ausflug in den Park mit dem großen Spielplatz machen. In ihren Rucksäcken verstauen die Kinder Decken, Essen und Getränke. Gudrun und Timo packen auch Spiele ein. Während der Wanderung singt die Klasse viele lustige Lieder, die sie im Musikunterricht gelernt haben. Im Park breiten sie die Decken aus und stärken sich mit ihren leckeren belegten Broten und den Getränken. Danach stürmen sie zu den Spielgeräten. Gudrun möchte schaukeln und Timo schubst sie dabei an. Danach wechseln sie sich ab. Als die beiden ihre Spiele holen wollen, können sie ihre Rucksäcke nicht finden. Timo fängt an zu weinen.

1 Beantworte die Fragen. Schreibe einen vollständigen Satz.

1. Was packt Gudrun in ihren Rucksack ein?

___

2. Wohin geht der Ausflug?

___

3. Was machen die Kinder, bevor sie zu den Spielgeräten laufen?

___

___

4. Weshalb wechseln sich Gudrun und Timo ab?

___

5. Warum weint Timo?

___

1 M

Name: ____________

1 Wann hörst du das M/m? Schreibe auf.

Mond · Maus · Lama · Oma

2 Verbinde.

M – und, S · B, M – ama · L, M – ais · M – ann, P

3 Finde alle M/m.

L (M) i (m) l L h o p
(m) l L j k (m) (M)

4 Kreise alle Bilder ein, die mit M anfangen.

5 Kreuze das richtige Wort an.

- [ ] Papa
- [ ] Mama
- [x] Oma

- [ ] Mimo
- [x] Mama
- [ ] Lama

6 Sprache untersuchen

2 L

Name: ____________

1 Wann hörst du das L/l? Schreibe auf.

Lampe · Muschel · Lolli · Limo

2 Verbinde.

K, L – and · Ese – l, t · E, L – ama · L – upe, K

3 Finde alle L/l.

(L) r o i m (l) (L) h o
p J (l) (L) j k J

4 Kreise alle Bilder ein, die mit L anfangen.

5 Kreuze das richtige Wort an.

- [x] Roller
- [ ] Rollo
- [ ] Lolli

- [ ] Lampe
- [x] Laterne
- [ ] Lande

Sprache untersuchen 7

3 O

Name: ____________

1 Wann hörst du das O/o? Schreibe auf.

Oma · Hose · Wolke · Eskimo

2 Verbinde.

S, O – hr · Din – e, o · O – rdner, K · Domin – o, e

3 Finde alle O/o.

P S (o) p (o) s L (O) a A (O) P
l (O) s (o) p k J p (o)

4 Kreise alle Bilder ein, die mit O anfangen.

5 Kreuze das richtige Wort an.

- [ ] Opa
- [x] Auto
- [ ] Lolo

- [x] Obst
- [ ] Sonne
- [ ] Löwe

8 Sprache untersuchen

4 A

Name: ____________

1 Wann hörst du das A/a? Schreibe auf.

Ast · Lama · Oma · Schaf

2 Verbinde.

A – nanas, L · Lam – a, e · E, A – mpel · S, A – meise

3 Finde alle A/a.

L r (A) o i (A) m l L h (a)
(A) p j l (a) L j k J (a) (a)

4 Kreise alle Bilder ein, die mit A anfangen.

5 Kreuze das richtige Wort an.

- [ ] Alf
- [x] Arm
- [ ] Anne

- [x] Adler
- [ ] Edler
- [ ] Adam

Sprache untersuchen 9

5 I

Name: ____________

1 Wann hörst du das I/i? Schreibe auf.

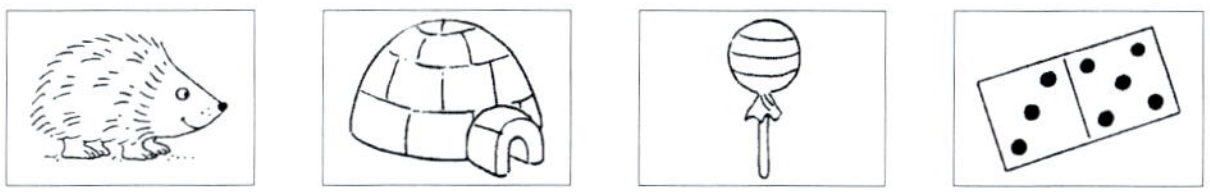

Igel	Iglu	Lolli	Domino
☒☐☐	☒☐☐	☐☐☒	☐☒☐

2 Verbinde.

O – Iglu, Salami, Pirat / Pe, Kiste / Ke

3 Finde alle I/i.

L (I) r A o (i) A m (i) L h a
A p (i) j l L a L j (i) k (I) J a a

4 Kreise alle Bilder ein, die mit I anfangen.

5 Kreuze das richtige Wort an.

☐ Pinsel	☒ Limo	☐ Rodeo
☐ Amsel	☐ Lama	☐ Rad
☒ Insel	☐ Male	☒ Radio

6 S

Name: ____________

1 Wann hörst du das S/s? Schreibe auf.

Ast	Sofa	Tasse	Nuss
☐☒☐	☒☐☐	☐☒☐	☐☐☒

2 Verbinde.

Sack / N, Insel / gel, Senf / E, Suppe / L

3 Finde alle S/s.

L (S) o i (S) m (s) L h a
A (S) (s) l (s) L j k J a (s)

4 Kreise alle Bilder ein, die mit S anfangen.

5 Kreuze das richtige Wort an.

☐ Sonne	☐ Apfel	☒ Salat
☒ Hose	☐ Segen	☐ Salami
☐ Suppe	☒ Besen	☐ Sams

7 T

Name: ____________

1 Wann hörst du das T/t? Schreibe auf.

Topf	Torte	Elefant	Brot
☒☐☐	☒☒☐	☐☐☒	☐☐☒

2 Verbinde.

Paket / Sa, Turm / is, Safer / Tiger → Saf, Tiger, Auto / fe

3 Finde alle T/t.

F G (t) o F (T) D F (t) f s (t) f K (T)
F (T) D j (T) J k (T)

4 Verbinde die Bilder zum t und zum T.

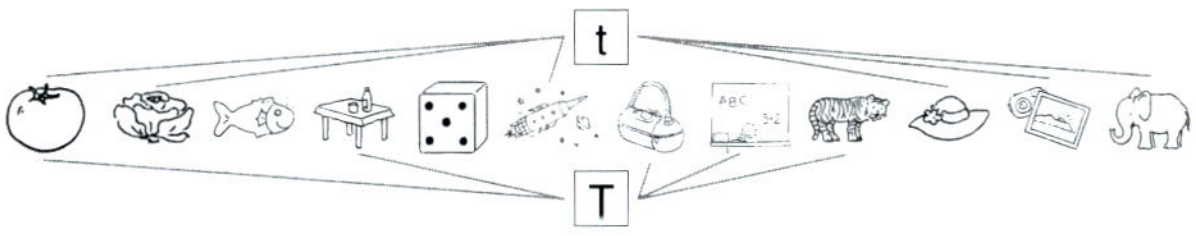

t

T

5 Kreuze das richtige Wort an.

☐ Tim	☒ Telefon	☐ Tomi	☒ Laterne
☒ Turm	☐ Tisch	☒ Tomate	☐ Lift
☐ Tame	☐ Tasche	☐ Tante	☐ Lau

8 N

Name: ____________

1 Wann hörst du das N/n? Schreibe auf.

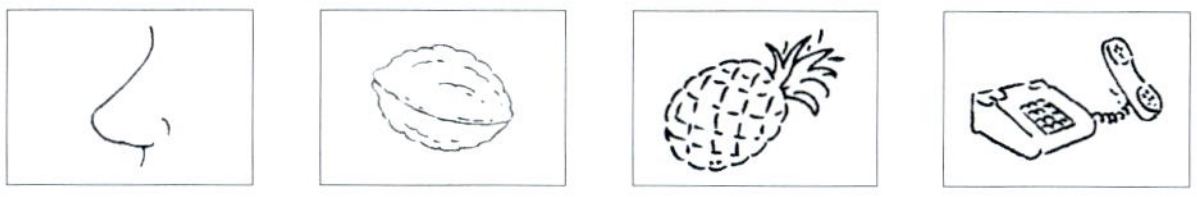

Nase	Nuss	Ananas	Telefon
☒☐☐	☒☐☐	☐☒☐	☐☐☒

2 Verbinde.

Note / So, Nadel / fal, Sonne / fe, Name / No, Mase / gen

3 Finde alle N/n.

f (n) o (n) T D F (n) s t (nn) T
(N N) F T (N) j (N) J k (N)

4 Verbinde die Bilder zum n und zum N.

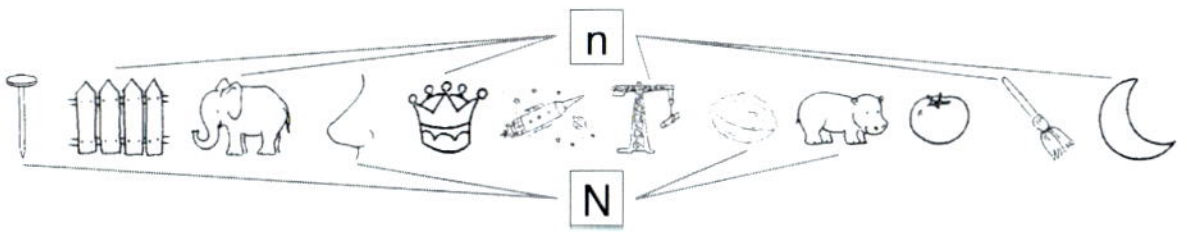

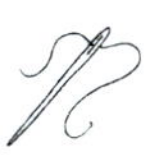

n

N

5 Kreuze das richtige Wort an.

☐ Nogel	☐ Nede	☐ Band
☐ Nigel	☒ Nadel	☐ Banse
☒ Nagel	☐ Nass	☒ Banane

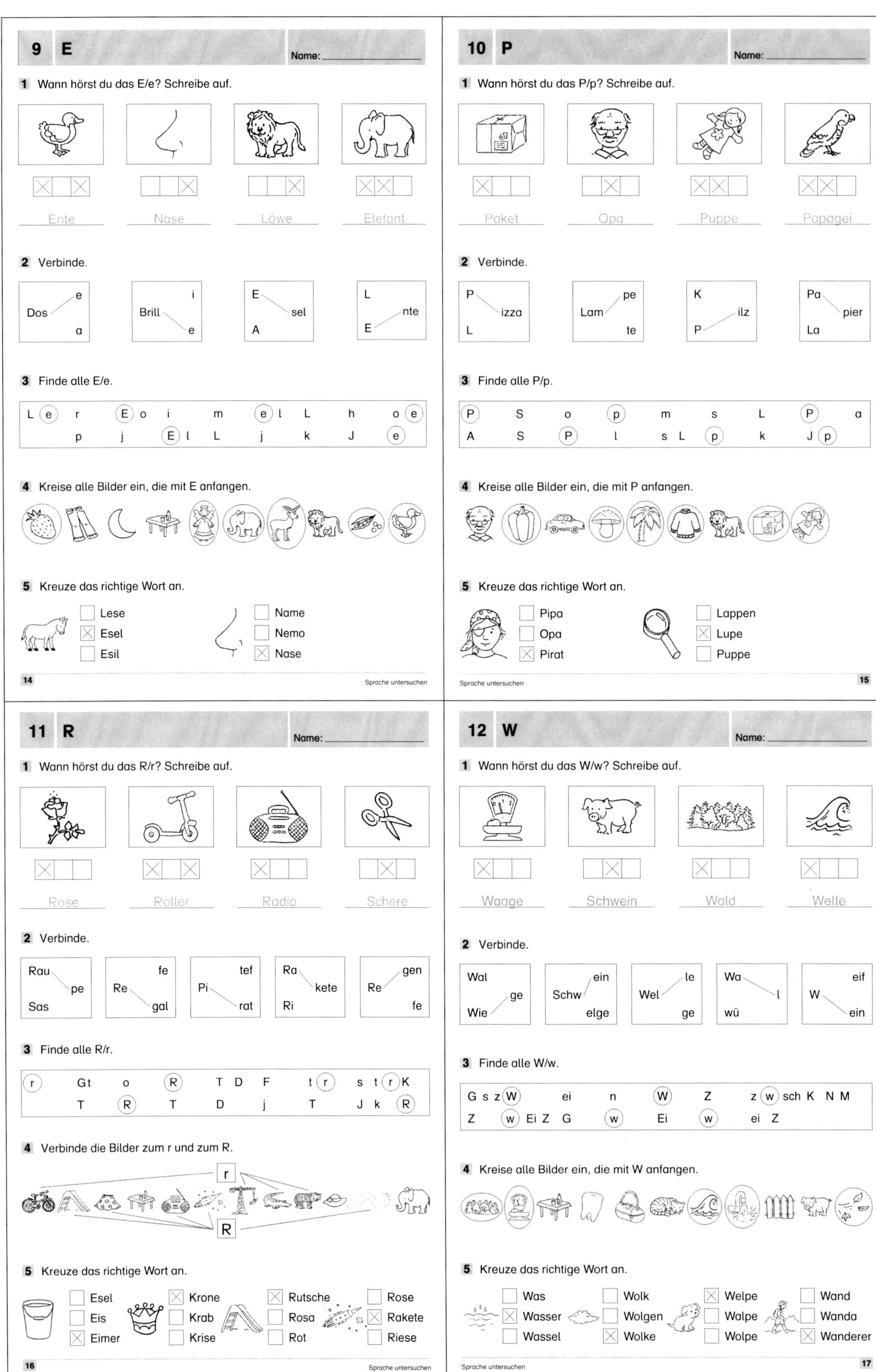

9 E

Name: ____________

1 Wann hörst du das E/e? Schreibe auf.

Ente | Nase | Löwe | Elefant

2 Verbinde.

Dos – e / a | Brill – i / e | E / A – sel | L / E – nte

3 Finde alle E/e.

L e r E o i m e l L h o e
p j E l L j k J e

4 Kreise alle Bilder ein, die mit E anfangen.

5 Kreuze das richtige Wort an.

- [ ] Lese
- [x] Esel
- [ ] Esil

- [ ] Name
- [ ] Nemo
- [x] Nase

14 Sprache untersuchen

10 P

Name: ____________

1 Wann hörst du das P/p? Schreibe auf.

Paket | Opa | Puppe | Papagei

2 Verbinde.

P / L – izza | Lam – pe / te | K / P – ilz | Pa / La – pier

3 Finde alle P/p.

P S o p m s L P a
A S P l s L p k J p

4 Kreise alle Bilder ein, die mit P anfangen.

5 Kreuze das richtige Wort an.

- [ ] Pipa
- [ ] Opa
- [x] Pirat

- [ ] Lappen
- [x] Lupe
- [ ] Puppe

Sprache untersuchen 15

11 R

Name: ____________

1 Wann hörst du das R/r? Schreibe auf.

Rose | Roller | Radio | Schere

2 Verbinde.

Rau / Sas – pe | Re – fe / gal | Pi – tef / rat | Ra / Ri – kete | Re – gen / fe

3 Finde alle R/r.

r G t o R T D F t r s t r K
T R T D j T J k R

4 Verbinde die Bilder zum r und zum R.

r

R

5 Kreuze das richtige Wort an.

- [ ] Esel
- [ ] Eis
- [x] Eimer

- [x] Krone
- [ ] Krab
- [ ] Krise

- [x] Rutsche
- [ ] Rosa
- [ ] Rot

- [ ] Rose
- [x] Rakete
- [ ] Riese

16 Sprache untersuchen

12 W

Name: ____________

1 Wann hörst du das W/w? Schreibe auf.

Waage | Schwein | Wald | Welle

2 Verbinde.

Wal / Wie – ge | Schw – ein / elge | Wel – le / ge | Wa / wü – l | W – eif / ein

3 Finde alle W/w.

G s z W ei n W Z z w sch K N M
Z w Ei Z G w Ei w ei Z

4 Kreise alle Bilder ein, die mit W anfangen.

5 Kreuze das richtige Wort an.

- [ ] Was
- [x] Wasser
- [ ] Wassel

- [ ] Wolk
- [ ] Wolgen
- [x] Wolke

- [x] Welpe
- [ ] Walpe
- [ ] Wolpe

- [ ] Wand
- [ ] Wanda
- [x] Wanderer

Sprache untersuchen 17

13 D

Name: ____________

1 Wann hörst du das D/d? Schreibe auf.

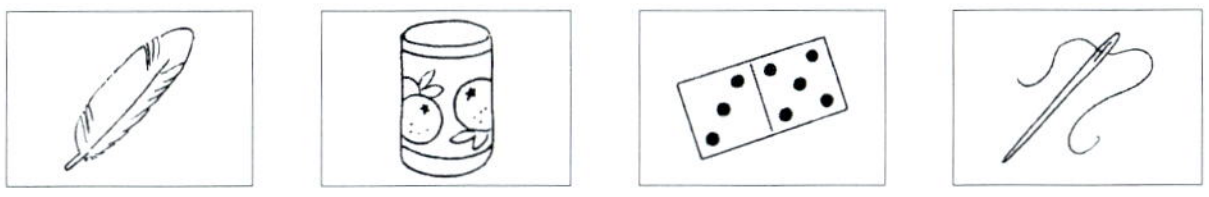

Feder — Dose — Domino — Nadel

2 Verbinde.

D / F – usche	Nu – sel / del	Kin – s / d	Kau / Dau – men	Ra – dio / mio

3 Finde alle D/d.

B	a b	o	(d)	(D)	s	b	h	B A
a	S	b	(d) l	(D)	j	k	J b (d)	

4 Verbinde die Bilder zum d und zum D.

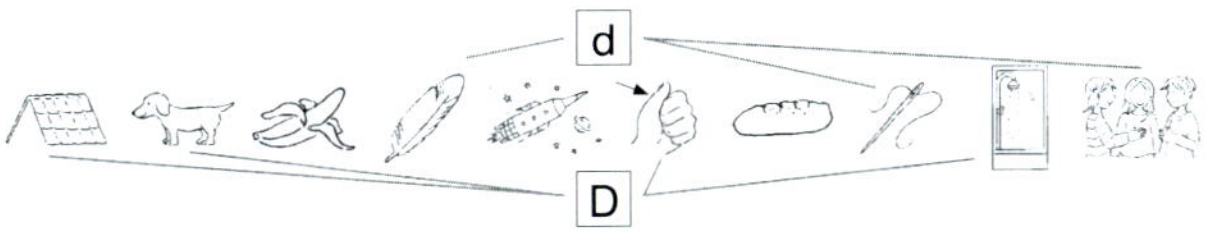

d

D

5 Kreuze das richtige Wort an.

☐ Dasch	☐ Danke	☐ Faden	☐ Dams
☒ Dusche	☐ Dübel	☒ Feder	☐ Sade
☐ Dich	☒ Dach	☐ Deder	☒ Sand

14 F

Name: ____________

1 Wann hörst du das F/f? Schreibe auf.

Fisch — Sofa — Elefant — Brief

2 Verbinde.

Flie / Flo – ge	O – fas / fen	Ta – fel / ffe	Waf / Has – fel	Scha – f / k

3 Finde alle F/f.

(f)	G	o	(F)	D	(F)	b	(f)	s t (f)
K	(f)	(F)	k	D	j	k	J k (F)	

4 Verbinde die Bilder zum f und zum F.

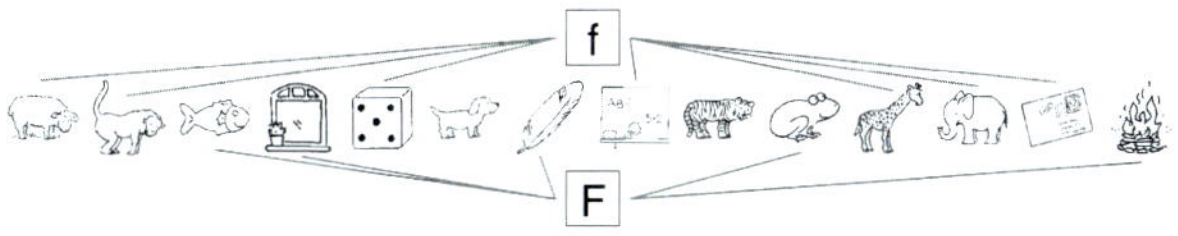

f

F

5 Kreuze das richtige Wort an.

☐ Farn	☒ Telefon	☐ Waffel	☐ Fass
☐ Fass	☐ Telefi	☒ Würfel	☒ Faust
☒ Fahrrad	☐ Telefa	☐ Wiffe	☐ Fau

15 G

Name: ____________

1 Wann hörst du das G/g? Schreibe auf.

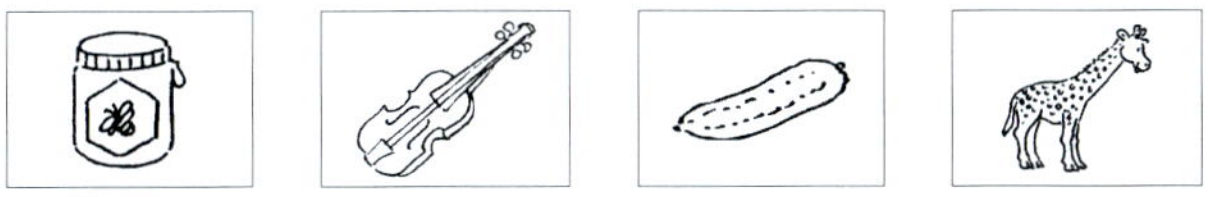

Honig — Geige — Gurke — Giraffe

2 Verbinde.

Bü / Ki – gel	Au – se / ge	I – sel / gel	Ti / To – ger	Sä – ge / lte

3 Finde alle G/g.

(g)	k	(G) o	d	(g)	K	b	h (g)	B K
K	S	(G)	k	D	(g)	k	(G)	

4 Verbinde die Bilder zum g und zum G.

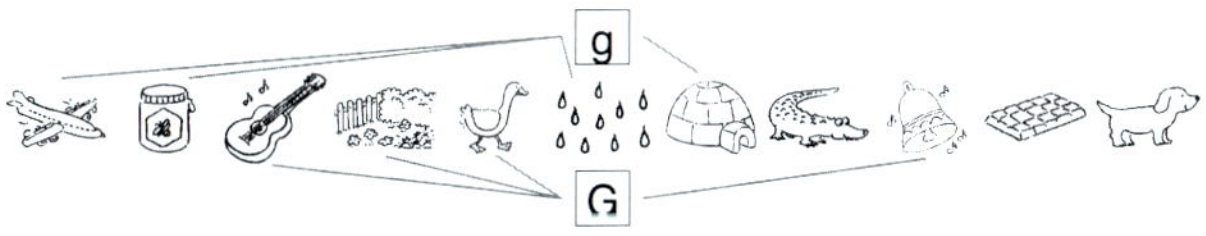

g

G

5 Kreuze das richtige Wort an.

☒ Gans	☒ Iglu	☐ Gans	☐ Gaben
☐ Geld	☐ Igel	☐ Gold	☐ Gabes
☐ Geist	☐ Igli	☒ Gitarre	☒ Gabel

16 H

Name: ____________

1 Wann hörst du das H/h? Schreibe auf.

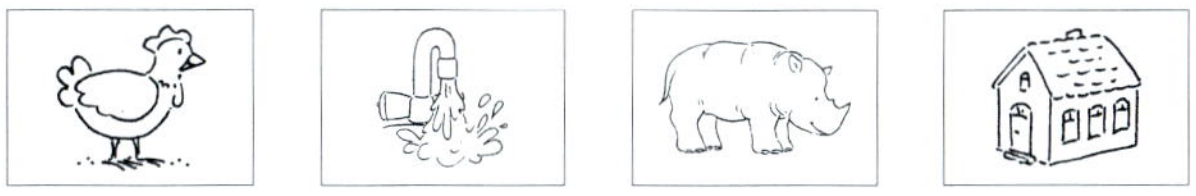

Huhn — Wasserhahn — Nashorn — Haus

2 Verbinde.

Ho / Hi – se	Ham – ter / ster	Hum – ber / mel	Ha / He – ls	Ho – nig / ner

3 Finde alle H/h.

G s z (H)	n	W	Z	z w n n (H) (h)	N M Z
(h) (h) Z (H)	w	n	w	ei Z	

4 Verbinde die Bilder zum h und zum H.

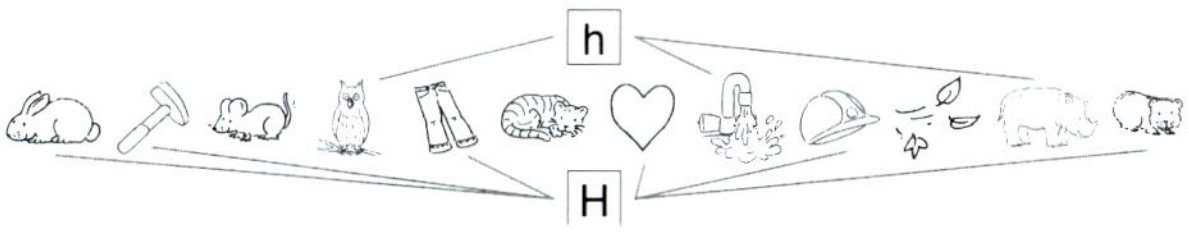

h

H

5 Kreuze das richtige Wort an.

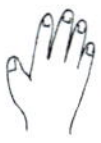

☒ Herz	☒ Heft	☐ Huner	☐ Hase
☐ Harz	☐ Hekt	☐ Hummel	☒ Hand
☐ Hanz	☐ Heffe	☒ Hund	☐ Hammer

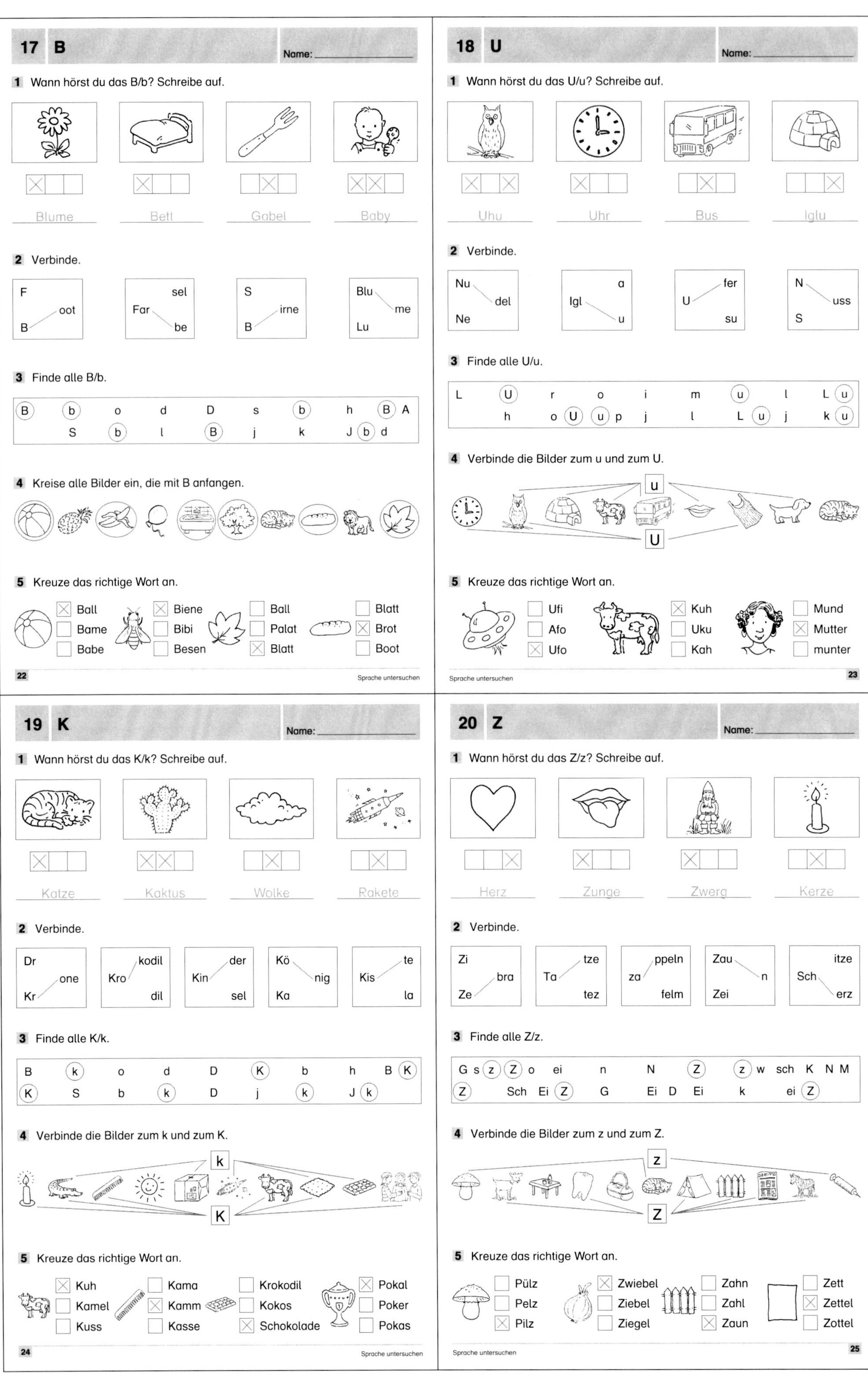

17 B

Name: ____________

1 Wann hörst du das B/b? Schreibe auf.

Blume — Bett — Gabel — Baby

2 Verbinde.

F / oot / B — sel / Far / be — S / irne / B — Blu / me / Lu

3 Finde alle B/b.

B b o d D s b h B A
S b l B j k J b d

4 Kreise alle Bilder ein, die mit B anfangen.

5 Kreuze das richtige Wort an.

- [x] Ball
- [ ] Bame
- [ ] Babe

- [x] Biene
- [ ] Bibi
- [ ] Besen

- [ ] Ball
- [ ] Palat
- [x] Blatt

- [ ] Blatt
- [x] Brot
- [ ] Boot

22 — Sprache untersuchen

18 U

Name: ____________

1 Wann hörst du das U/u? Schreibe auf.

Uhu — Uhr — Bus — Iglu

2 Verbinde.

Nu / del / Ne — a / Igl / u — fer / U / su — N / uss / S

3 Finde alle U/u.

L U r o i m u l L u
h o U u p j l L u j k u

4 Verbinde die Bilder zum u und zum U.

u
U

5 Kreuze das richtige Wort an.

- [ ] Ufi
- [ ] Afo
- [x] Ufo

- [x] Kuh
- [ ] Uku
- [ ] Kah

- [ ] Mund
- [x] Mutter
- [ ] munter

Sprache untersuchen — 23

19 K

Name: ____________

1 Wann hörst du das K/k? Schreibe auf.

Katze — Kaktus — Wolke — Rakete

2 Verbinde.

Dr / one / Kr — kodil / Kro / dil — der / Kin / sel — Kö / nig / Ka — te / Kis / la

3 Finde alle K/k.

B k o d D K b h B K
K S b k D j k J k

4 Verbinde die Bilder zum k und zum K.

k
K

5 Kreuze das richtige Wort an.

- [x] Kuh
- [ ] Kamel
- [ ] Kuss

- [ ] Kama
- [x] Kamm
- [ ] Kasse

- [ ] Krokodil
- [ ] Kokos
- [x] Schokolade

- [x] Pokal
- [ ] Poker
- [ ] Pokas

24 — Sprache untersuchen

20 Z

Name: ____________

1 Wann hörst du das Z/z? Schreibe auf.

Herz — Zunge — Zwerg — Kerze

2 Verbinde.

Zi / bra / Ze — tze / Ta / tez — ppeln / za / felm — Zau / n / Zei — itze / Sch / erz

3 Finde alle Z/z.

G s z Z o ei n N Z z w sch K N M
Z Sch Ei Z G Ei D Ei k ei Z

4 Verbinde die Bilder zum z und zum Z.

z
Z

5 Kreuze das richtige Wort an.

- [ ] Pülz
- [ ] Pelz
- [x] Pilz

- [x] Zwiebel
- [ ] Ziebel
- [ ] Ziegel

- [ ] Zahn
- [ ] Zahl
- [x] Zaun

- [ ] Zett
- [x] Zettel
- [ ] Zottel

Sprache untersuchen — 25

21 Ei

Name: ____________

1 Wann hörst du das Ei/ei? Schreibe auf.

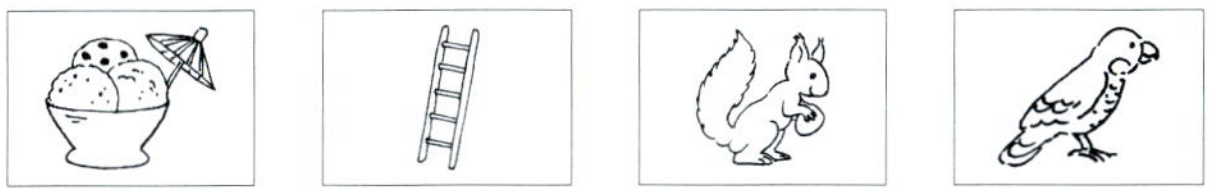

☒☐☐	☐☒☐	☒☐☐	☐☐☒
Eis	Leiter	Eichhörnchen	Papagei

2 Verbinde.

Zei – tung / Kei	Ei – mer / ler	A – meise / reise	kl / Dl – ein	schnei – den / keln

3 Finde alle Ei/ei.

g k G o (ei) g K b (ei) w (ei) B
K K (Ei) G (Ei) D (Ei) k (ei)

4 Verbinde die Bilder zum ei und zum Ei.

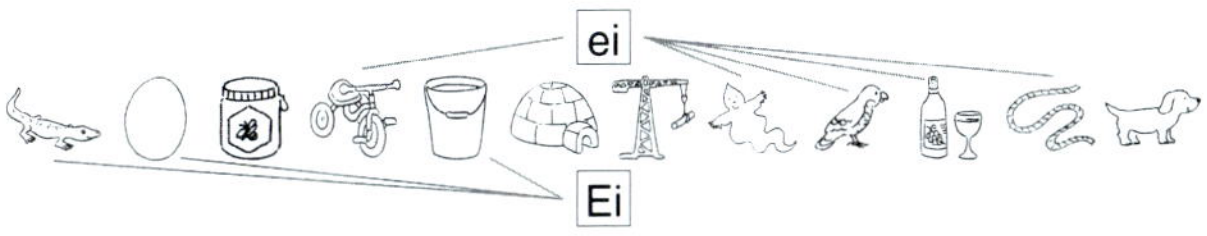

ei

Ei

5 Kreuze das richtige Wort an.

☐ dein	☒ Dreirad	☐ Eisen	☐ Sauerei
☐ mein	☐ frei	☐ Eins	☒ Osterei
☒ Wein	☐ Reifen	☒ Eisbär	☐ Meckerei

22 Sch

Name: ____________

1 Wann hörst du das Sch/sch? Schreibe auf.

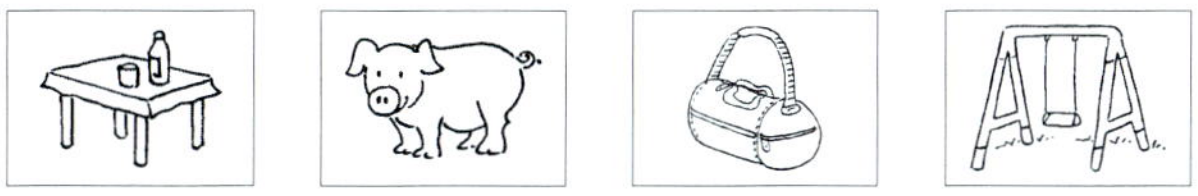

☐☐☒	☒☐☐	☐☒☐	☒☐☐
Tisch	Schwein	Tasche	Schaukel

2 Verbinde.

Du – sche / Da	Schw – an / ien	Schau – fel / rel	Fi – sch / Ki	Fla – sche / ksch

3 Finde alle Sch/sch.

G (sch) G o ei g (sch) b ei w (sch) K K
(Sch) Ei G Ei D Ei k ei (Sch)

4 Verbinde die Bilder zum sch und zum Sch.

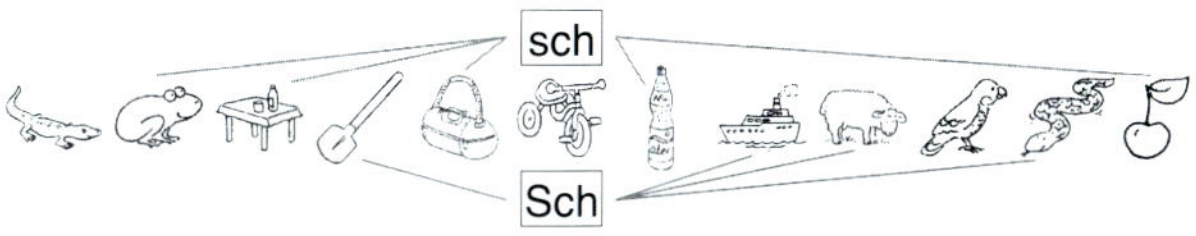

sch

Sch

5 Kreuze das richtige Wort an.

☐ Schelm	☐ Scheibe	☒ Kirsche	☐ Frisch
☒ Schirm	☐ Schein	☐ Kuss	☒ Frosch
☐ Schein	☒ Schwein	☐ Kursche	☐ Fresch

23 Au

Name: ____________

1 Wann hörst du das Au/au? Schreibe auf.

☐☐☒	☒☐☐	☐☒☐	☒☐☐
Frau	Auto	Taube	

2 Verbinde.

Sch – aum / Kl	M – aus / aud	Bau – er / ber	bl – au / gl	L – aus / auk

3 Finde alle Au/au.

G (Au) n W (au) z (au) H h N M Z (Au) Z H
(Au) n w (au) (Au)

4 Verbinde die Bilder zum au und zum Au.

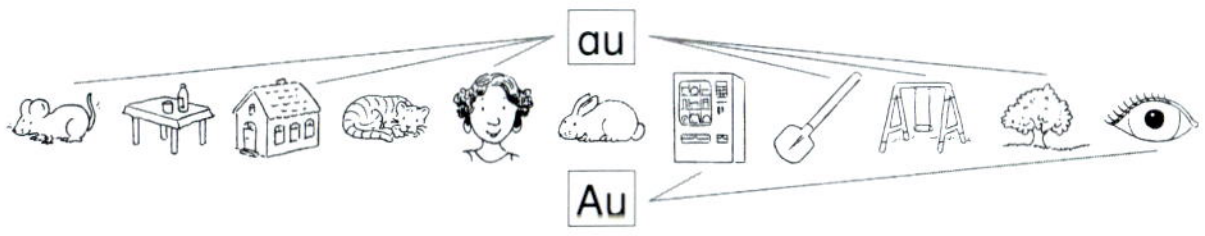

au

Au

5 Kreuze das richtige Wort an.

☐ Maus	☐ Bau	☒ Schaufel	☐ Aug
☒ Mauer	☐ Bauch	☐ Schaukel	☒ Auge
☐ Maul	☒ Baum	☐ Schauma	☐ Augel

24 J

Name: ____________

1 Wann hörst du das J/j? Schreibe auf.

☒☐☐	☒☒☐	☐☒☐	☒☐☐
Jacke	Jo-Jo	Kajak	Judo

2 Verbinde.

Jo – nas / Je	Jo – sef / da	ja – gen / fe	jam – mern / jem	Ja – na / gu

3 Finde alle J/j.

G (j) n i l z (J) H (J) (j) (J) i Z Au Z H
(J) i l F f Y y (j) (J) p l (j) I (J) L

4 Verbinde die Bilder zum j und zum J.

j

J

5 Kreuze das richtige Wort an.

☐ jetzt	☒ Boje	☐ Jule	☐ Joga
☐ Jan	☐ Boden	☐ Judo	☒ Joghurt
☒ Jäger	☐ Baum	☒ Junge	☐ Jodeln

25 C

Name: ____________

1 Wann hörst du das C/c? Schreibe auf.

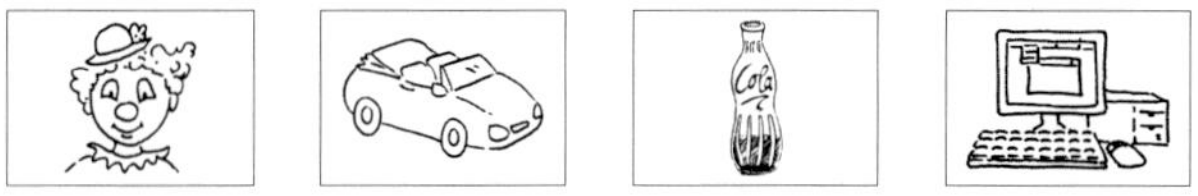

Clown | Cabrio | Cola | Computer

2 Lies. Setze Wörter mit C ein.

In Amerika gibt es Cowboys.
Sie schießen mit dem Colt.
Cola trinkt mein Papa.
Zum Frühstück esse ich Cornflakes.

3 Finde alle C/c.

G j (c) n d i (C) I z J HO D B (C) i Z (c) Au Z d
b H J i (c) I F f e Y y j (c) J d p l j l o J (C) L (c)

4 Verbinde die Bilder zum c und zum C.

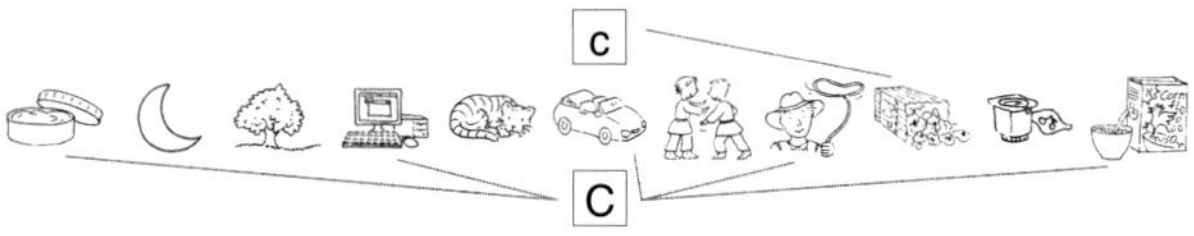

c

C

5 Kreuze das richtige Wort an.

☒ Cola ☐ Creme ☐ Cafe
☒ Cornflakes ☐ Comic ☐ Cola
☐ Comma ☐ Cafe ☒ Computer
☒ Cowboy ☐ Popcorn ☐ Comic

26 Ch

Name: ____________

1 Wann hörst du das Ch/ch? Schreibe auf.

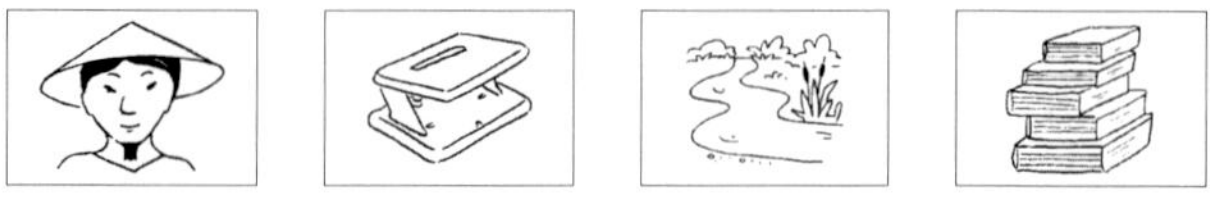

Chinese | Locher | Bach | Bücher

2 Lies. Setze Wörter mit Ch/ch ein.

Wenn es dunkel ist, mache ich Licht.
In China leben Chinesen.
Jedes Haus braucht ein Dach.
Ich lese in einem Buch.

3 Finde alle Ch/ch.

G j (ch) n d i (Ch) I z J (Ch) O D B C i Z c Au Z d
(ch) h b (ch) H J i (ch) I F f e Y y j c J d p l j l o J C L (ch)

4 Verbinde die Bilder zum Buch und zum Teich.

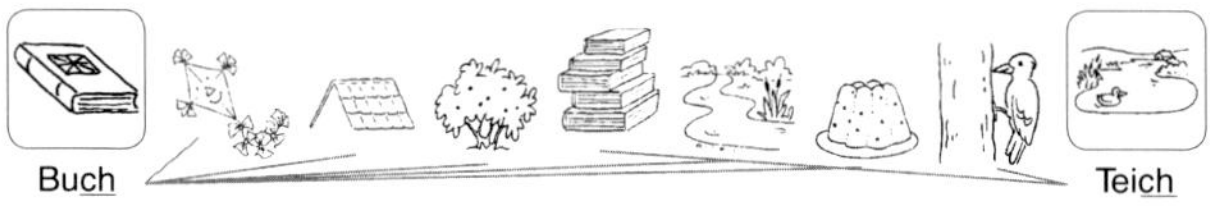

Buch Teich

5 Kreuze das richtige Wort an.

☐ Michi ☐ mich ☒ Milch
☒ Drache ☐ Dreck ☐ Dach
☐ Mehl ☐ machen ☒ Mädchen
☐ Kuscheln ☒ Kuchen ☐ Koch

27 Ä

Name: ____________

1 Wann hörst du das Ä/a? Schreibe auf.

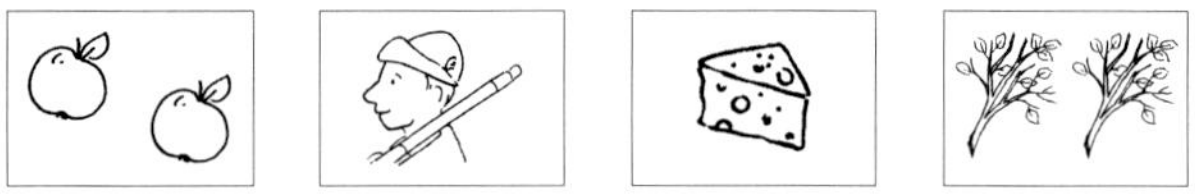

Äpfel | Jäger | Käse | Äste

2 Lies. Setze Wörter mit ä ein.

Ich habe zwei Hände.
In meinem Mund habe ich Zähne.
Das Mädchen hat einen langen Zopf.
Ich esse gerne Wurst und Käse.

3 Finde alle Ä/ä.

P A (ä) c o s O r pf d ü t F z P h (Ä) i ö f (ä) j g Pf j j (ä) k
ö C L (Ä) b h r (ä) pf ü (ä) z u e w h g u ö p (Ä) u f Pf

4 Verbinde die Bilder zum ä und zum Ä.

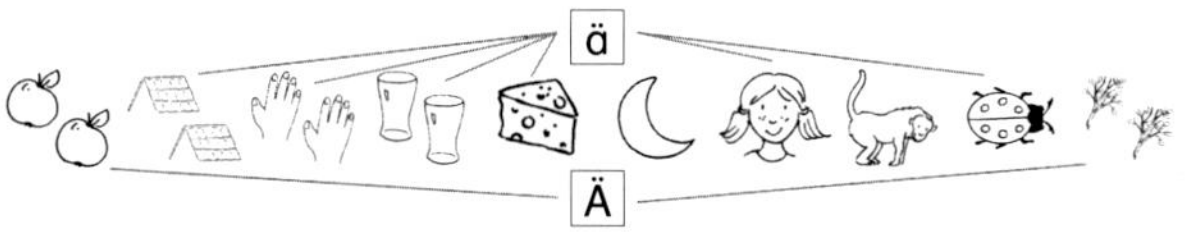

ä

Ä

5 Kreuze das richtige Wort an.

☐ Mädchen ☐ Hände ☒ Hähnchen
☒ Gläser ☐ Gelb ☐ Kälber
☐ Bläser ☒ Bälle ☐ Bellen
☒ Zähne ☐ Zehn ☐ Zahnarzt

28 Ö

Name: ____________

1 Wann hörst du das Ö/ö? Schreibe auf.

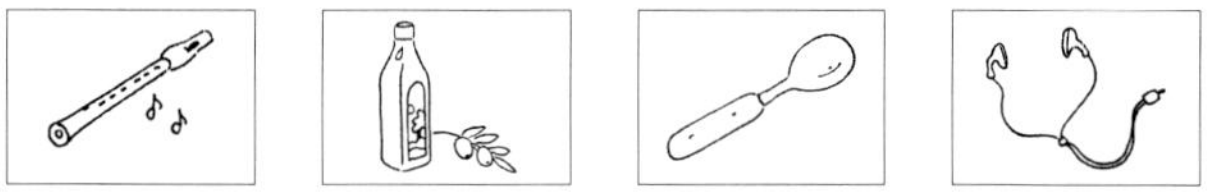

Flöte | Öl | Löffel | Kopfhörer

2 Lies. Setze Wörter mit ö ein.

Der Löwe lebt in Afrika.
Die Vögel bauen sich ein Nest.
Hasen mögen gerne Möhren.
Meine Haare trockene ich mit dem Föhn.

3 Finde alle Ö/ö.

(Ö) A (ö) c o s O r Ä d ü t (Ö) z Ü h ü i (ö) f Ä j g (ö) j j (ö) k
(ö) C L ch b h r ä u ü (ö) z u e w h g u (ö) p Ü u f (Ö)

4 Verbinde die Bilder zum ö und zum Ö.

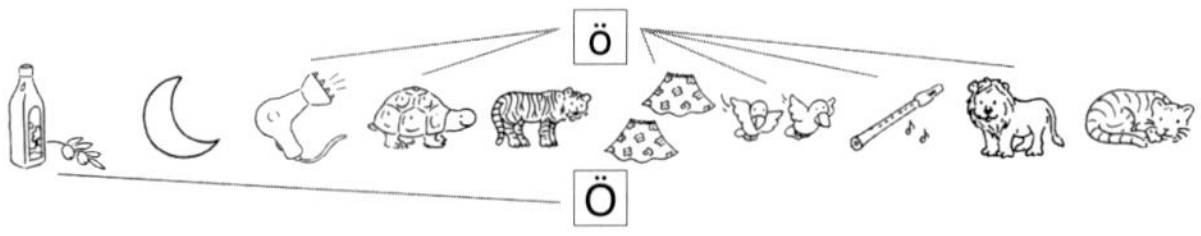

ö

Ö

5 Kreuze das richtige Wort an.

☒ König ☐ Körner ☐ Köln
☐ Vögel ☐ Flöte ☒ Föhn
☐ Knolle ☐ König ☒ Knöpfe
☒ Möhre ☐ Möchte ☐ Müll

29 Ü

Name: ____________

1 Wann hörst du das Ü/ü? Schreibe auf.

Schlüssel – Bücher – Gürtel – Müll

2 Lies. Setze Wörter mit ü ein.

Ich schreibe mit meinem Füller.
Der Elefant hat einen Rüssel.
Das Kleid hängt an einem Bügel.
In der Tüte sind Gummibärchen.

3 Finde alle Ü/ü.

P A (ü) c o s O r pf d (ü) t F z P h (ü) Ä i ö f (ü) j g Pf j j ä k
ö C L (Ü) b h r ä pf (ü) ä z u e w (ü) h g u ö p Ä u f (Ü)

4 Verbinde die Bilder zum ü und zum Ü.

ü
Ü

5 Kreuze das richtige Wort an.

☐ Für ☒ Fünf ☐ Früh
☐ Mühe ☐ Müll ☒ Mütze
☐ Günter ☐ Gülle ☒ Gemüse
☒ Bürste ☐ Rüssel ☐ Bügel

34 Sprache untersuchen

30 Pf

Name: ____________

1 Wann hörst du das Pf/pf? Schreibe auf.

Pflaume – Pfau – Topf – Knopf

2 Lies. Setze Wörter mit Pf/pf ein.

Der Reiter reitet ein Pferd.
Mein Opa raucht gerne Pfeife.
Das Mädchen hat einen langen Zopf.
Auf dem Herd stehen Topf und Pfanne.

3 Finde alle Pf/pf.

P A (pf) c o s O r (pf) d ü t F z P h (pf) i ö f (pf) j g (Pf) j j (pf)
k ö C L (pf) b h r ä (pf) ü (pf) z u e w h g u ö p (pf) u f (Pf)

4 Verbinde die Bilder zum pf und zum Pf.

pf
Pf

5 Kreuze das richtige Wort an.

☐ Pfeife ☐ Pflanze ☒ Pflaster
☒ Apfel ☐ Ampel ☐ Zapfen
☐ Zapfen ☒ Zopf ☐ Topf
☐ Pfennig ☐ Pfütze ☒ Pferd

Sprache untersuchen 35

31 Qu

Name: ____________

1 Wann hörst du das Qu/qu? Schreibe auf.

Aquarium – Qualle – Quelle – Quark

2 Lies. Setze Wörter mit Qu/qu ein.

Quallen findet man im Meer.
Auf dem Brot ist Quark.
Viele Fische schwimmen im Aquarium.
Aus einer Quelle kommt frisches Wasser.

3 Finde alle Qu/qu.

P A (qu) c o d s O r pf d ü t F z P h (qu) i ö f k u j g
(Qu) j j (Qu) k ö C (qu) L pf b h r ä (Qu) ü u b z u (qu) e w

4 Verbinde die Bilder zum qu und zum Qu.

qu
Qu

5 Kreuze das richtige Wort an.

☐ Qualle ☒ Quelle ☐ Quengel
☒ Quark ☐ Qualm ☐ Quirl
☐ Quatsch ☐ Quer ☒ Quadrat
☒ Quartett ☐ Quader ☐ Quanten

36 Sprache untersuchen

32 V

Name: ____________

1 Wann hörst du das V/v? Schreibe auf.

Vogel – Vase – vier – Vorhang

2 Lies. Setze Wörter mit V ein.

Vögel fliegen durch den Garten.
Eine Vase steht auf dem Tisch.
Der Vater gibt dem Kind einen Kuss.
Dracula ist ein Vampir.

3 Wie klingt V/v?

Schreibe auf: Vampir, Vater, Vase, Vaseline, vier, Vogel, viel, Vegetarier

F	W
Vater	Vampir
vier	Vase
viel	Vaseline
Vogel	Vegetarier

4 Kreuze das richtige Wort an.

☐ Pudel ☒ Pulver ☐ Vieh
☒ Klavier ☐ Klage ☐ Klasse
☐ Vogel ☒ Vulkan ☐ Voll
☐ Luft ☐ Lama ☒ Larve

Sprache untersuchen 37

33 X

Name: ______________

1 Wann hörst du das X/x? Schreibe auf.

Hexe — Taxi — Axt — Mixer

2 Lies. Setze Wörter mit X/x ein.

Ein ___Taxi___ ist ein Auto.
Eine ___Hexe___ gibt es im Märchen.
Mit dem ___Mixer___ rührt man den Teig.
Eine ___Axt___ ist ein Werkzeug.
___Max___ ist ein Name.
Mit einem ___Xylophon___ kann man Musik machen.

3 Finde alle X/x.

D k (x) K l (X) B l o s e f g o (X) (x) k s g j p (X) a e (x)
(x) w f z g t (X) w h u k j (x) d s k g f z r f g (x) (x)

4 Kreuze das richtige Wort an.

- ☐ Trax ☐ Trixi ☒ Taxi
- ☒ Hexenkessel ☐ Hexe ☐ Haxe
- ☐ Milch ☒ Mixer ☐ Max
- ☐ Musik ☐ Xaver ☒ Xylophon

34 Y

Name: ______________

1 Wie klingt Y/y?

Schreibe auf:

Pyramide – Yak – Hobby – Pony – Yacht – Ypsilon – Yoga – Baby – Zylinder – Gymnastik – Yeti

Wie Ü

Pyramide — Ypsilon
Gymnastik — Zylinder (Möglichkeit 1)

Wie I

Hobby — Pony
Baby — Zylinder (Möglichkeit 2)

Wie J

Yak — Yacht
Yoga — Yeti

2 Lies. Setze Wörter mit Y/y ein.

Teddy – Gymnastik – Pony – Pyramiden – Zylinder – Yeti

Ein ___Pony___ kann man reiten.
Ein ___Zylinder___ ist ein Hut.
In Ägypten stehen ___Pyramiden___.
Mein Kuscheltier ist ein ___Teddy___.
Mama macht viel ___Gymnastik___.
Ein ___Yeti___ ist ein Schneemensch.

35 Nomen (1)

Name: ______________

1 Was weißt du über Nomen?

Nomen sind Namenwörter. Menschen, Tiere, Dinge, Pflanzen haben Namen. Sie werden groß geschrieben. Nomen kann man in die Einzahl und die Mehrzahl setzen, sie haben bestimmte und unbestimmte Begleiter, man kann sie zusammensetzen.

2 Schreibe das Nomen mit Begleiter auf.

das Auto — der Bus — die Lampe

3 Finde selbst passende Nomen zu den Begleitern.

der	die	das
Ball	Frau	Spiel
Mann	Blume	Haus

4 Schreibe den **unbestimmten** Begleiter (ein, eine).

der Stuhl — ein Stuhl
der Hund — ein Hund
das Mädchen — ein Mädchen
die Blume — eine Blume
das Kind — ein Kind
die Tasse — eine Tasse

35 Nomen (2)

Name: ______________

5 Finde die Nomen und kreise sie ein.

GRÜN	(HAUS)	(FUß)	STEHEN
(KATZE)	LÄUFT	ÜBER	ROTE
(MUTTER)	GROß	(STIFT)	

6 Schreibe die Mehrzahl mit passendem Begleiter.

das Kind — die Kinder
der Junge — die Jungen
das Bild — die Bilder
das Auto — die Autos
der Vogel — die Vögel
der Hund — die Hunde
die Blume — die Blumen
der Ball — die Bälle

7 Nomen kann man zusammensetzen.

Herbst

-Blatt — Herbstblatt
-Farben — Herbstfarben
-Wetter — Herbstwetter
-Blume — Herbstblume

36 Verben

Name: ____________

1 Was weißt du über Verben?

Verben beschreiben, was jemand tut, sie werden klein geschrieben.

2 Schreibe unter jedes Bild ein passendes Verb.

schlafen — malen — (Wäsche) waschen

3 Setze die richtige Personalform ein.

gehen	ich gehe	du gehst	er geht
haben	ich habe	du hast	er hat
spielen	ich spiele	du spielst	er spielt

4 Finde die Verben und kreise sie ein.

HOSE (LIEGEN) (RECHNEN) WEIT (RENNT)
(STEHEN) HÄUSER (KOMMT) DÜNN

5 Setze die richtige Personalform ein.

Bei Familie Müller herrscht (herrschen) heute Chaos. Im Kinderzimmer liegen (liegen) Puppen auf dem Boden. Frau Müller putzt (putzen) gerade das Bad. Herr Müller liest (lesen) seine Zeitung. Julia Müller malt (malen) ein Bild. Tom Müller schreibt (schreiben) einen Brief.

37 Adjektive

Name: ____________

1 Was weißt du über Adjektive?

Adjektive sind Wiewörter. Sie beschreiben, wie etwas ist.
Mit Adjektiven kann man vergleichen

2 Beschreibe die Bilder mit Adjektiven.

heiß/rot/gelb/warm — kalt/nass/weiß — süß/lecker/braun — scharf/spitz

3 Schreibe drei sinnvolle Sätze zu den Adjektive

niedlich, riesig, hungrig, hart, säuerlich, schwarz, süß, feierlich

Beispiele:
1) Die Katze ist süß, frech, ...
2) Die schwarze Katze ist hungrig, niedlich, ...
3) Die niedliche Katze spielt mit der Wolle.

4 Finde die Adjektive und kreise sie ein.

GEHT VOGEL (HOCH) BÄR LIED (KÄLTER)
(GELB) RENNT (GROß) (DICKER) WINTER

5 Vergleiche mit den Adjektiven.

klein	kleiner als	am kleinsten
alt	älter als	am ältesten
schnell	schneller als	am schnellsten

38 Nomen/Verben/Adjektive

Name: ____________

1 Kreise die Nomen rot, die Verben blau und die Adjektive grün ein.

Nomen: GAST, FILM, LEUTE
Verben: KANN, FINDEN, SCHWINGT, TANZT
Adjektive: KLEIN, HÖHER, TRAURIG, GELB

2 Kreise die Nomen rot, die Verben blau und die Adjektive grün ein.

a) Hans (Nomen) kauft (Verb) sich einen roten (Adjektiv) und teuren (Adjektiv) Gummiball (Nomen).
b) Die kleinen (Adjektiv) Kinder (Nomen) auf dem Spielplatz (Nomen) raufen (Verb), klettern (Verb) und singen (Verb).
c) Tim (Nomen) ist (Verb) größer (Adjektiv) als Max (Nomen).
d) Das lustige (Adjektiv) Spiel (Nomen) macht (Verb) den Schülern (Nomen) viel (Adjektiv) Spaß (Nomen).
e) Der braune (Adjektiv) Hund (Nomen) hat (Verb) mehr (Adjektiv) Flöhe (Nomen) als die schwarze (Adjektiv) Katze (Nomen).

3 Schreibe fünf sinnvolle Sätze zum Bild. Markiere die Nomen rot, die Verben blau und die Adjektive grün.

Lilly — Luis — Paul

1) Lilly klettert auf dem Klettergerüst.
2) Luis rutscht auf der Rutschbahn.
3) Paul schaukelt.
4) Lilly ist größer als Paul.
5) Luis ist am größten.

39 Satzarten und Satzzeichen

Name: ____________

1 Setze die Satzzeichen am Ende des Satzes und schreibe die Satzart auf.

Warum hast du so große Ohren? — Fragesatz
Damit ich besser hören kann. — Erzählsatz
Hüte dich vor dem bösen Wolf! — Ausrufesatz

Es ist so bitter kalt. — Erzählsatz
Wer knuspert an meinem Häuschen? — Fragesatz
Gretel, hilf mir! — Ausrufesatz

Räume die Küche auf! — Ausrufesatz
Wem gehört der Schuh? — Fragesatz
Die beiden tanzten bis Mitternacht. — Erzählsatz

Hast du von meinem Teller gegessen? — Fragesatz
Die Stiefmutter steht vor dem Spiegel. — Erzählsatz
Bringe Schneewittchen in den Wald! — Ausrufesatz

Holst du mir die Kugel aus dem Brunnen? — Fragesatz
Heinrich, der Wagen bricht! — Ausrufesatz
Der Frosch klopft an die Tür. — Erzählsatz

Heißt du vielleicht Hinz? — Fragesatz
Spinne das Stroh zu Gold! — Ausrufesatz
Die Müllerstochter ist verzweifelt. — Erzählsatz

40 Reime

Name: ____________

1 Welches Wort reimt sich?

Fleisch – **Tisch** – Tasche | **Pinsel** – Kind – Igel | Sonne – Tag – **Lack**

2 Schreibe die Reimwörter auf.

Schnecke	Tee	Laus	neu
Decke	See	Maus	treu
Hecke	Klee	Haus	scheu
Zecke	Fee	Schmaus	

3 Finde die Reimwörter und schreibe sie auf.

Mund – Hort – Sonne – Reis – Rose – Riese –
Wonne – Eis – Wort – Hund – Hose – Wiese

Eis – Reis | Mund – Hund
Hort – Wort | Sonne – Wonne
Rose – Hose | Riese – Wiese

4 Reime selbst.

Oje, der arme Hase, der hat 'ne Blase auf der Nase.
Die kleine süße Meise macht sich nun auf die Reise.
Die freche schwarze Katze, die kratzt mich mit der Tatze.
Der lange braune Wurm hat Angst vorm großen Turm.
Guck nur, die arme Eule, die hat 'ne riesengroße Beule.

41 Doppelkonsonant

Name: ____________

1 Schreibe das Wort. Markiere den kurzen Vokal (Selbstlaut) mit einem Punkt.

Roller | Affe | Bett
Tasse | Kamm | Puppe

2 Entscheide, ob der fehlende Buchstabe ein Doppelkonsonant ist.

Aschenputtel und Schneewittchen feiern Geburtstag. (t/tt, t/tt)
Sie wollen, dass viele Freunde kommen. (l/ll, m/mm)
Sie bitten ihre Mütter um Hilfe. (t/tt)
Zum Essen gibt es Pfannkuchen mit Marmelade. (s/ss, n/nn, d/dd)
Im Garten stellen sie Stühle und Tische auf. (r/rr, l/ll)
Die Gäste stellen die Pakete unter die große Tanne. (l/ll, t/tt, n/nn)
Der Froschkönig gibt allen zum Abschied einen Kuss. (n/nn, l/ll, s/ss)

42 ie

Name: ____________

1 Wann hörst du das ie? Schreibe auf.

Zwiebel | Biene | Briefmarken | Fliege

2 Lies. Setze Wörter mit ie ein.

Ich kenne viele Buchstaben.
Die Liege steht in der Sonne.
Ich habe meine Eltern sehr lieb.
Schneewittchen lebt bei den sieben Zwergen.
Der Bagger gräbt ein tiefes Loch.

3 Kreuze das richtige Wort an.

- ☐ Brigitte ☐ Bild ☒ Brief
- ☒ Biene ☐ Biege ☐ Brei
- ☐ Wiesel ☒ Wiege ☐ Wiese
- ☒ Sieb ☐ sieben ☐ Siegel

4 Schreibe die Wörter mit der, die oder das auf.

Dieb – Spiel – Knie – Liebe – Ziege – Lied – Tier – Riese

der Dieb | das Spiel
das Knie | die Liebe
die Ziege | das Lied
das Tier | der Riese

43 ck

Name: ____________

1 Wann hörst du das ck? Schreibe auf.

Bäcker | Hecke | Rock | Glocke

2 Lies. Setze Wörter mit ck ein.

Ein Dackel ist ein Hund.
Zecken gibt es im Wald.
An der Decke hängt eine Lampe.
Ein Märchen heißt „Hans im Glück".
Sie hat Durst und trinkt einen Schluck Wasser.

3 Kreuze das richtige Wort an.

- ☐ Zecke ☒ Sack ☐ Socke
- ☒ Bäcker ☐ Backe ☐ Pickel
- ☐ Macke ☐ Meckern ☒ Mücke
- ☒ Decke ☐ Deckel ☐ Dackel

4 Schreibe die Wörter mit der, die oder das auf.

Zecke – Decke – Sack – Socke – Glück – Nagellack – Bäcker

die Zecke
die Decke | der Sack
die Socke | das Glück
der Nagellack | der Bäcker

44 tz

Name: ____________

1 Wann hörst du das tz? Schreibe auf.

Netz — Mütze — Blitz — Spitzer

2 Lies. Setze Wörter mit tz ein.

Max macht einen Witz. Alle lachen.
Kitz heißt das Kind vom Reh.
Die Krankenschwester gibt dir eine Spritze.
Es donnert. Am Himmel ist ein Blitz.
Im Nest sitzt ein kleiner Spatz.

3 Kreuze das richtige Wort an.

- [x] Tatze
- [ ] Tante
- [ ] Tag

- [ ] Spritze
- [ ] Spitz
- [x] Spatz

- [ ] Schlitz
- [ ] Schutz
- [x] Schatz

- [ ] Kitzeln
- [x] Katze
- [ ] Kitz

4 Schreibe die Wörter mit der, die oder das auf.

Platz – Pfütze – Sitz – Witze – Mütze – Schutz – Tatzen

der Platz
die Pfütze — der Sitz
die Witze — die Mütze
der Schutz — die Tatzen

45 ß

Name: ____________

1 Wann hörst du das ß? Schreibe auf.

Fuß — Straße — Blumenstrauß — Floß

2 Lies. Setze Wörter mit ß ein.

Lina gießt die Blumen.
Der Lehrer zerreißt das Papier.
Der Tiger beißt den Wärter in den Po.
Der Schnee ist weiß.
Im Sommer ist es heiß.

3 Kreuze das richtige Wort an.

- [x] Straße
- [ ] Strauß
- [ ] Strahl

- [ ] Gier
- [ ] Geist
- [x] Gießkanne

- [ ] Fußbad
- [x] Fußball
- [ ] Fußspur

- [x] Floß
- [ ] Fluss
- [ ] Fleiß

4 Finde die Reimwörter und schreibe sie auf.

bloß – schießen – heiß – gießen – reißen – Schoß – fließen – beißen – schließen – weiß

bloß – Schoß
reißen – beißen — heiß – weiß
schließen – fließen — gießen – schießen

46 ng

Name: ____________

1 Wann hörst du das ng? Schreibe auf.

Ring — Schlange — Zunge — Zeitung

2 Lies. Setze Wörter mit ng ein.

Tim macht einen Sprung vom Baum.
Schlangen sind ganz lange Tiere.
Anne hat große Angst vor Schlangen.
Eine Gitarre hat einen tollen Klang.
Viele Schmetterlinge schwirren durch die Luft.

3 Kreuze das richtige Wort an.

- [ ] Zunge
- [x] Zange
- [ ] Ziege

- [x] Junge
- [ ] Lunge
- [ ] Lange

- [ ] Biene
- [ ] Hummel
- [x] Schmetterling

- [ ] Anzug
- [ ] Anne
- [x] Angel

4 Schreibe die Wörter mit der, die oder das auf.

Lunge – Ring – Zange – Angel – Junge – Klang – Zeitung

die Lunge
der Ring — die Zange
die Angel — der Junge
der Klang — die Zeitung

47 Eu

Name: ____________

1 Wann hörst du das Eu/eu? Schreibe auf.

Eule — Feuer — Teufel — neun

2 Lies. Setze Wörter mit Eu/eu ein.

Marie hat ein neues Fahrrad.
Der rote Ferrari ist sehr teuer.
Heute kann es regnen, stürmen oder schneien.
Viele Leute gehen ins Kino.
Das Reh ist sehr scheu.
Auf dem Kuchen sind neun Kerzen.
Die Kuh hat ein Euter.

3 Kreuze das richtige Wort an.

- [x] Leuchter
- [ ] Licht
- [ ] Lächeln

- [x] Euro
- [ ] Euter
- [ ] Eule

- [ ] Fee
- [ ] Freude
- [x] Feuer

- [x] Kreuz
- [ ] Kreiz
- [ ] Kautz

4 Finde die Reimwörter und schreibe sie auf.

Leute – scheu – neune – teuer – Keule – Beute – neu – Feuer – Beule – Scheune

Scheune – neune
Leute – heute — scheu – neu
teuer – Feuer — Keule – Beule

48 äu

Name: ______________

1 Wann hörst du das äu? Schreibe auf.

Mäuse · Zäune · Bäume · Räuber

2 Lies. Setze Wörter mit äu ein.

Im Haus sind viele Räume.
Igitt, Lise hat Läuse.
Viele Sträucher stehen im Garten.
Tom hatte letzte Nacht zwei Träume.
Die Braut gehört zum Bräutigam.
Der Junge läuft zur Schule.

3 Aus eins mach zwei.

ein/eine	zwei
Faust	Fäuste
Raum	Räume
Strauch	Sträucher
Braut	Bräute
Baum	Bäume
Zaun	Zäune

49 Sp

Name: ______________

1 Wann hörst du das Sp/sp? Schreibe auf.

Spiegel · Spitzer · Spinne · Gespenst

2 Lies. Setze Wörter mit Sp/sp ein.

Die Kinder spielen Fußball.
Im Schloss spukt es.
Ich muss noch das Geschirr spülen.
Das Geld kommt in die Spardose.
Papa macht viel Sport.

3 Wann hörst du das Sp/sp? Schreibe auf.

Wespe · Kasper · Knospe · Spritze

4 Klingt Sp/sp wie Spinne oder wie Kasper? Verbinde.

50 St

Name: ______________

1 Wann hörst du das St? Schreibe auf.

Stift · Straße · Stuhl · Strand

2 Lies. Setze Wörter mit St/st ein.

Tim hat viele Muskeln. Er ist stark.
Die Kinder basteln Bilder aus Tonpapier.
Der Kasper macht viel Spaß. Er ist lustig.
Die Maler streichen das Haus.
Der Storch bringt die Kinder.

3 Wann hörst du das st? Schreibe auf.

Obst · Faust · Pflaster · Fenster

4 Klingt St/st wie Stern oder wie Geist? Verbinde.

51 Nomen a/ä o/ö au/äu u/ü

Name: ______________

1 Aus eins mach zwei.

ein/eine	zwei	ein/eine	zwei
Ball	Bälle	Zopf	Zöpfe
Raum	Räume	Bauch	Bäuche
Ofen	Öfen	Kuss	Küsse
Kuh	Kühe	Strauch	Sträucher
Baum	Bäume	Topf	Töpfe
Stall	Ställe	Hahn	Hähne
Zahn	Zähne	Glas	Gläser

2 Schreibe die Nomen zu den passenden Begleitern.

Täubchen – Flöte – Müll – Löffel – Mäuschen – Strümpfe – Dach – Dächer – Rätsel – Mann – Strumpf

der	die	das
Müll	Flöte	Täubchen
Löffel	Strümpfe	Mäuschen
Mann	Dächer	(Rätsel)
Strumpf	(Rätsel)	Dach

3 Trage die fehlenden Wörter ein. Wähle passende Wörter von oben aus.

Lisa hat lange Haare. Sie flicht sich oft Zöpfe.
Die Sträucher/Bäume im Garten müssen geschnitten werden.
Die Kinder klettern gerne auf die Bäume/Zäune.
Die Räume/Gläser/Öfen/Töpfe in unserem Haus sind sehr groß.
Die Tiere auf dem Bauernhof sind in Ställen untergebracht.
Im Mund haben wir 32 Zähne.

52 Einsilbige Wörter schreiben

Name: ____________________

1 Schreibe auf. Benutze deine Anlauttabelle.

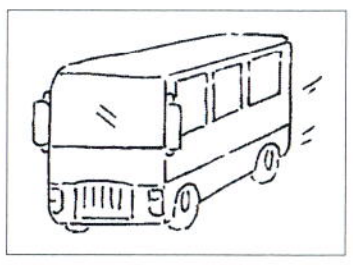

Bus 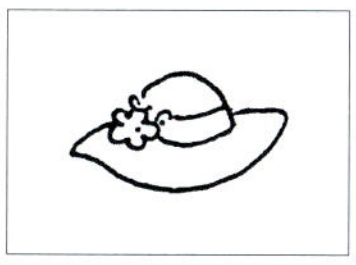 | Hut
Tisch 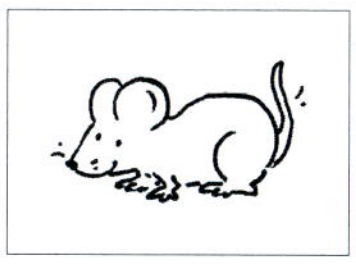 | Maus 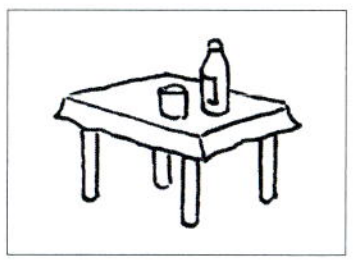
Topf 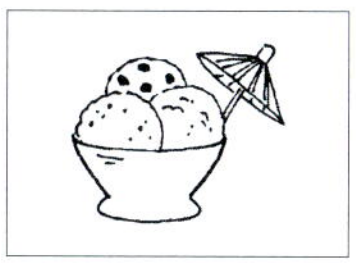 | Eis 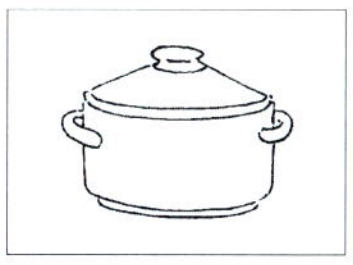
Gans 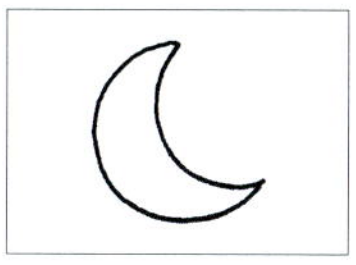 | Mond 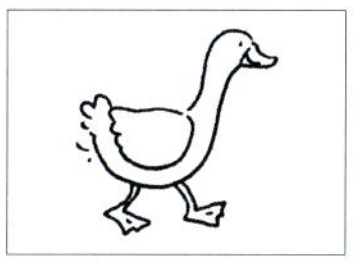

53 Zweisilbige Wörter schreiben

Name: ____________________

1 Schreibe auf. Benutze deine Anlauttabelle.

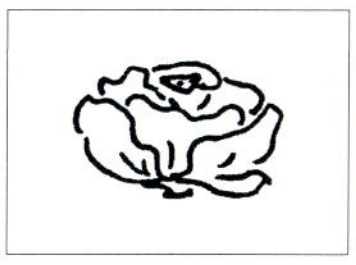

Salat 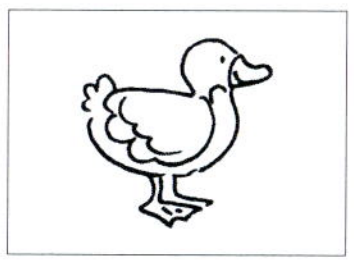 | Ente
Hase 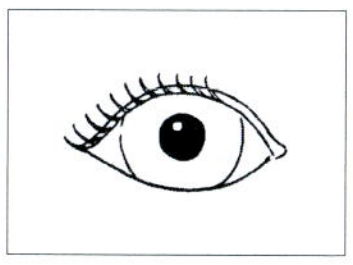 | Auge 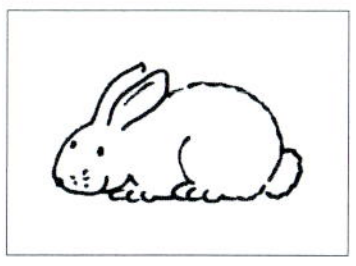
Nase 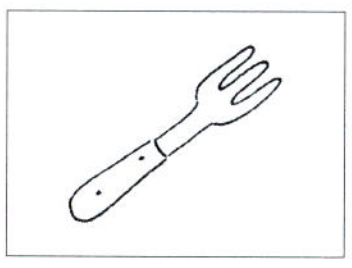 | Gabel 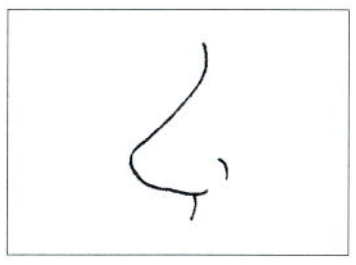
Insel 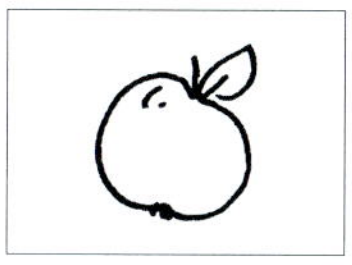 | Apfel 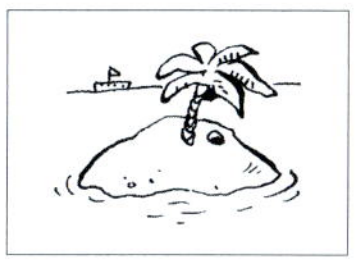

54 Dreisilbige Wörter schreiben

Name: ____________________

1 Schreibe auf. Benutze deine Anlauttabelle.

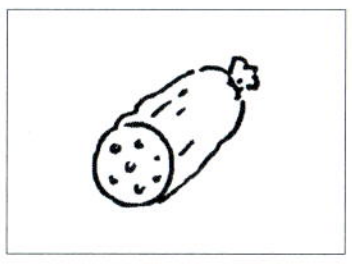

Salami 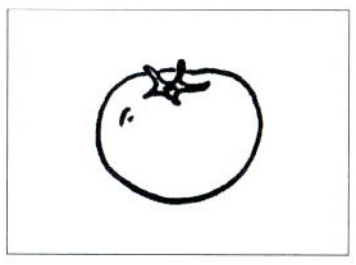 | Tomate
Elefant 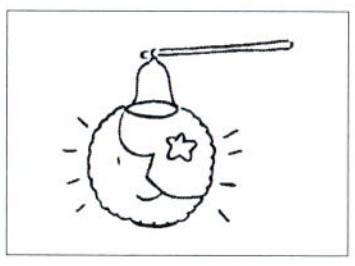 | Laterne 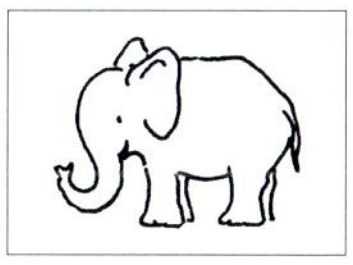
Papagei 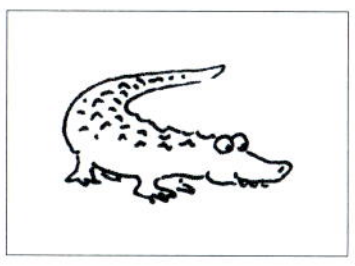 | Krokodil 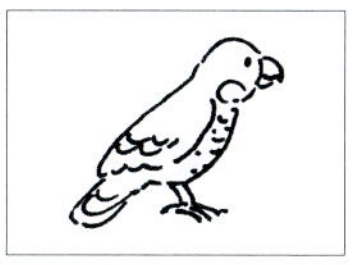
Ananas 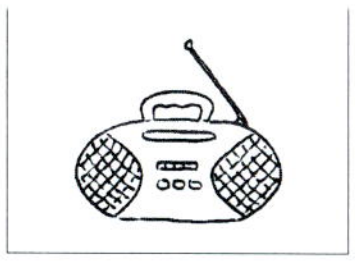 | Radio 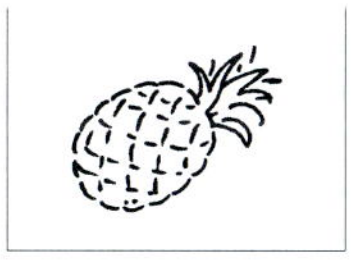

55 Lesefähigkeit 1

Name: ____________________

1 Verbinde Anlaut und Bild.

I N S L T E M O R P

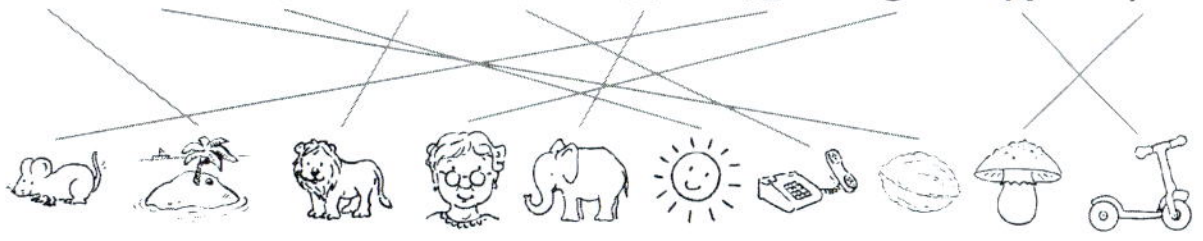

2 Welcher Endlaut passt?

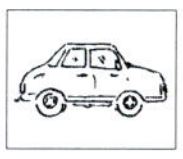

-o -a -e

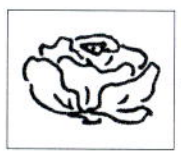

-e -t -o

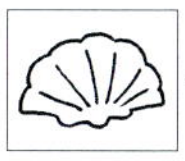

-s -l -i

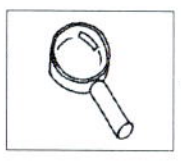

-k -e -m

3 Verbinde das richtige Wort mit dem Bild.

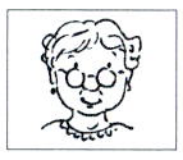

Oma Opa Osa

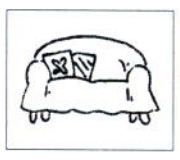

Oma Sofa Mofa

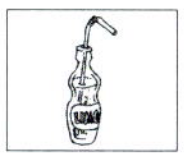

Timo Mimo Limo

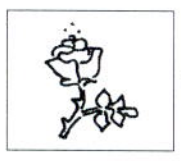

Rose Hose Dose

4 Welcher Laut passt?

L- aus T-	E- gel I-	S- onne R-	T- ee H-

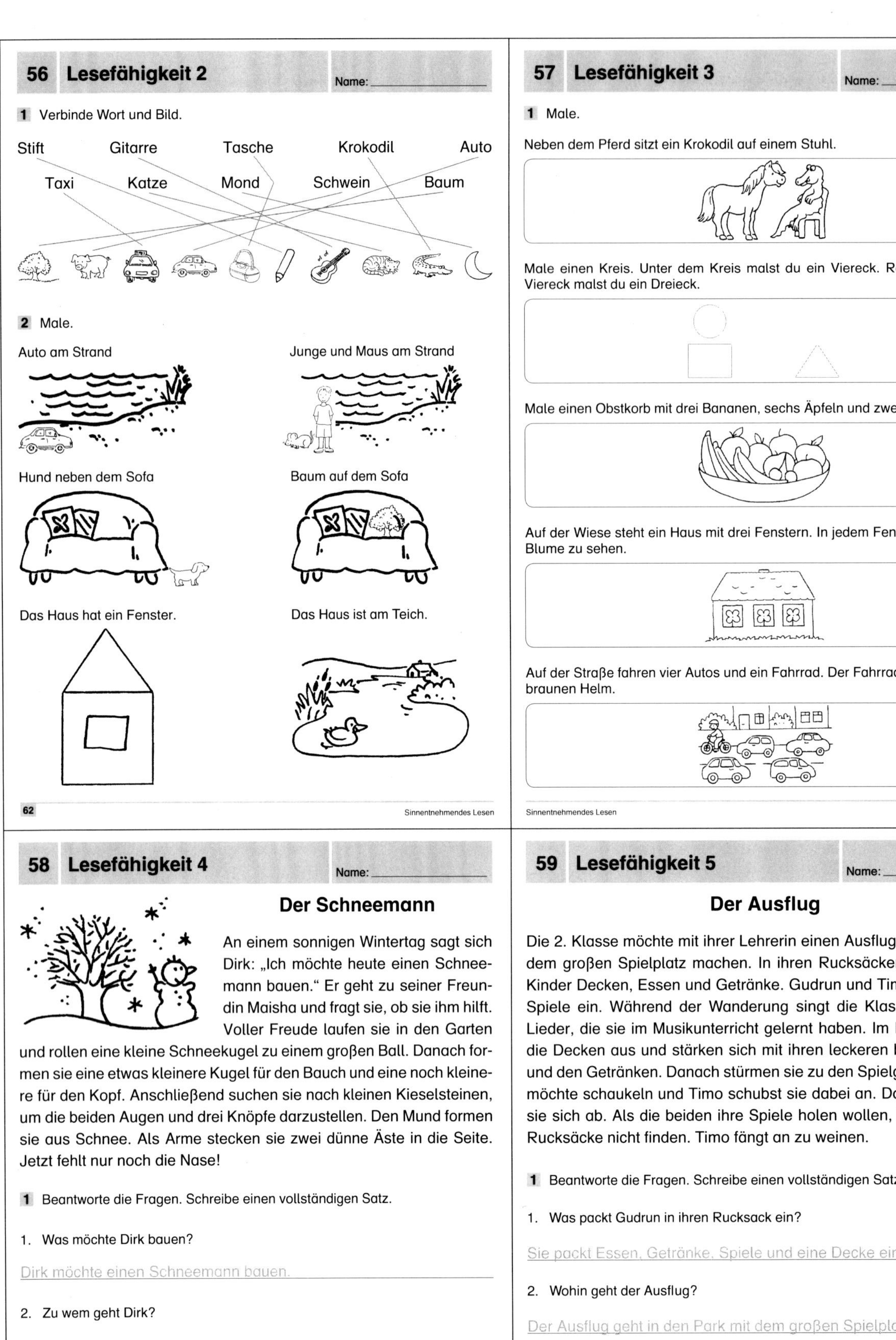

56 Lesefähigkeit 2

Name: ______________

1 Verbinde Wort und Bild.

Stift Gitarre Tasche Krokodil Auto

Taxi Katze Mond Schwein Baum

2 Male.

Auto am Strand

Junge und Maus am Strand

Hund neben dem Sofa

Baum auf dem Sofa

Das Haus hat ein Fenster.

Das Haus ist am Teich.

62 Sinnentnehmendes Lesen

57 Lesefähigkeit 3

Name: ______________

1 Male.

Neben dem Pferd sitzt ein Krokodil auf einem Stuhl.

Male einen Kreis. Unter dem Kreis malst du ein Viereck. Rechts neben dem Viereck malst du ein Dreieck.

Male einen Obstkorb mit drei Bananen, sechs Äpfeln und zwei Kirschen.

Auf der Wiese steht ein Haus mit drei Fenstern. In jedem Fenster ist eine gelbe Blume zu sehen.

Auf der Straße fahren vier Autos und ein Fahrrad. Der Fahrradfahrer trägt einen braunen Helm.

Sinnentnehmendes Lesen 63

58 Lesefähigkeit 4

Name: ______________

Der Schneemann

An einem sonnigen Wintertag sagt sich Dirk: „Ich möchte heute einen Schneemann bauen." Er geht zu seiner Freundin Maisha und fragt sie, ob sie ihm hilft. Voller Freude laufen sie in den Garten und rollen eine kleine Schneekugel zu einem großen Ball. Danach formen sie eine etwas kleinere Kugel für den Bauch und eine noch kleinere für den Kopf. Anschließend suchen sie nach kleinen Kieselsteinen, um die beiden Augen und drei Knöpfe darzustellen. Den Mund formen sie aus Schnee. Als Arme stecken sie zwei dünne Äste in die Seite. Jetzt fehlt nur noch die Nase!

1 Beantworte die Fragen. Schreibe einen vollständigen Satz.

1. Was möchte Dirk bauen?

   Dirk möchte einen Schneemann bauen.

2. Zu wem geht Dirk?

   Dirk geht zu seiner Freundin Maisha.

3. Wie viele Kieselsteine stecken im Schneemann?

   Im Schneemann stecken fünf Kieselsteine.

4. Woraus bestehen die Arme?

   Die Arme bestehen aus zwei dünnen Ästen.

5. Woraus könnte die Nase sein?

   Die Nase könnte eine Karotte/Stöckchen/Schnee … sein.

64 Sinnentnehmendes Lesen

59 Lesefähigkeit 5

Name: ______________

Der Ausflug

Die 2. Klasse möchte mit ihrer Lehrerin einen Ausflug in den Park mit dem großen Spielplatz machen. In ihren Rucksäcken verstauen die Kinder Decken, Essen und Getränke. Gudrun und Timo packen auch Spiele ein. Während der Wanderung singt die Klasse viele lustige Lieder, die sie im Musikunterricht gelernt haben. Im Park breiten sie die Decken aus und stärken sich mit ihren leckeren belegten Broten und den Getränken. Danach stürmen sie zu den Spielgeräten. Gudrun möchte schaukeln und Timo schubst sie dabei an. Danach wechseln sie sich ab. Als die beiden ihre Spiele holen wollen, können sie ihre Rucksäcke nicht finden. Timo fängt an zu weinen.

1 Beantworte die Fragen. Schreibe einen vollständigen Satz.

1. Was packt Gudrun in ihren Rucksack ein?

   Sie packt Essen, Getränke, Spiele und eine Decke ein.

2. Wohin geht der Ausflug?

   Der Ausflug geht in den Park mit dem großen Spielplatz.

3. Was machen die Kinder, bevor sie zu den Spielgeräten laufen?

   Die Kinder stärken sich mit ihren leckeren belegten Broten und den Getränken.

4. Weshalb wechseln sich Gudrun und Timo ab?

   Sie wechseln sich ab, damit jeder einmal schaukeln kann.

5. Warum weint Timo?

   Timo weint, weil die Rucksäcke verschwunden sind.

Sinnentnehmendes Lesen 65